LOUIS-FERDINAND CÉLINE

ÉCRITS DE GUERRE

LOUIS-FERDINAND CÉLINE

ÉCRITS DE GUERRE

PUBLIÉ PAR
OMNIA VERITAS LTD

ΘMNIA VERITAS®

WWW.OMNIA-VERITAS.COM

Tous droits réservés. Aucune partie de cette publication ne peut être reproduite par quelque moyen que ce soit sans la permission préalable de l'éditeur. Le code de la propriété intellectuelle interdit les copies ou reproductions destinées à une utilisation collective. Toute représentation ou reproduction intégrale ou partielle faite par quelque procédé que ce soit, sans le consentement de l'éditeur, de l'auteur ou de leur ayants cause, est illicite et constitue une contrefaçon sanctionnée par les articles L-335-2 et suivants du Code de la propriété intellectuelle.

LA GERBE 19
   13 FÉVRIER 1941 19
« LE FAIT » 24
   22 FÉVRIER 1941 24
« AUJOURD'HUI » 26
   7 MARS 1941 26
« LE PAYS LIBRE » 28
   5 AVRIL 1941 28
« AU PILORI » 33
   2 OCTOBRE 1941 33
« LA GERBE » 35
   23 OCTOBRE 1941 35
« AU PILORI » 36
   30 NOVEMBRE 1941 36
« L'APPEL » 38
   30 OCTOBRE 1941 38
« JE SUIS PARTOUT » 40
   22 DÉCEMBRE 1941 40
« L'APPEL » 41
   4 DÉCEMBRE 1941 41
« AU PILORI » 44
   8 JANVIER 1942 44
« CAHIERS DE L'ÉMANCIPATION NATIONALE » 48
   MARS 1942 48
« RÉVOLUTION NATIONALE » 55
   5 AVRIL 1942 55
« L'APPEL » 58
   9 AVRIL 1942 58
« L'APPEL » 60
   23 AVRIL 1942 60
« LE RÉVEIL DU PEUPLE » 61
   1ER MAI 1942 61
« AU PILORI » 62

10 septembre 1942 62
« AU PILORI » 69
    7 janvier 1943 69
« RÉVOLUTION NATIONALE » 72
    20 février 1943 72
« JE SUIS PARTOUT » 75
    9 juillet 1943 75
« JE SUIS PARTOUT » 77
    29 octobre 1943 77
« LE GOÉLAND » 80
    Février 1944 80
« JE SUIS PARTOUT » 82
    11 février 1944 82
« JE SUIS PARTOUT » 83
    3 mars 1944 83
« GERMINAL » 85
    28 avril 1944 85
« LA GERBE » 87
    22 juin 1944 87
« LETTRE DE CÉLINE À JEAN COCTEAU » 88
    Date précise inconnue 88
PRÉFACE 90
    de Bezons à travers les âges d'Albert Serouille, ouvrage publié chez Denoël en 1944. 90
LETTRES 96
AUTRES TITRES 101

Présenter Céline ?

Quelle outrecuidance !

Trente ans après sa mort, son ombre nous éclaire, sa lumière nous éblouit.

Ce crucifié national, comme l'Autre, a souffert pour nous, a pensé pour nous, a prévu pour nous, pauvres petites têtes de linotte. Égoïste classique, il eût vécu bien peinard, fêté, choyé, décoré.

L'intérêt de ces lettres est de présenter de façon concentrée, une préfiguration de l'état de la France en 1990.

La pourriture ne date pas d'hier. Carottes cuisent depuis fort longtemps. Même sans Juifs, la société humaine n'est pas le rêve. Le Juif n'est qu'un accélérateur, un catalyseur. Il déglingue l'état mental comme le nègre déglingue les mécaniques. C'est comme ça...

La victime idéale, c'est le goy aryen, le plus crédule, le plus con de l'espèce humaine blanche. Sur le Jaune, il se casse les dents, il n'accroche pas sur la structure mentale extrême-orientale, plus compacte, plus homogène, plus nationale en un mot. Le Juif, notre morpion, sera à son tour bouffé par le Jaune, quand nous n'existerons plus.

Connaissant bien les hommes, Céline, malheureusement pour lui, mais heureusement pour nous, était trop sensible à leurs douleurs, de tête, de cœur, ou de corps.

Ses hurlements de désespoir, ses criailleries, ses alarmes, ses critiques sur notre confort, se sont perdus dans l'immensité de notre indifférence, notre lâcheté, notre futilité, préoccupés que nous sommes par les gargouillis de la digestion.

L'identité des Français d'avant-guerre avec ceux d'aujourd'hui est flagrante : ne jamais parler des vrais problèmes. J'oserai citer un petit passage de *Bagatelles pour un massacre* :

> « La seule chose grave à l'heure actuelle, pour un grand homme, savant, écrivain, cinéaste, financier, industriel, politicien (mais alors la chose gravissime), c'est de se mettre mal avec les Juifs. Les Juifs sont nos maîtres, ici, là-bas, en Angleterre, partout !... Faites le clown, l'insurgé, l'intrépide, l'anti-bourgeois, l'enragé redresseur de torts... le Juif s'en fout ! Divertissements... Babillages ! Mais ne touchez pas à la question juive ou bien il va vous en cuire... Raide comme balle, on vous fera calancher d'une manière ou d'une autre...
> Le Juif est le roi de l'or, de la Banque et de la Justice.. Par homme de paille ou carrément. Il possède tout... Presse... Théâtre... Radio... Chambre... Sénat... Police... ici ou là-bas...
> Les grands découvreurs de la tyrannie bolchevique poussent mille cris d'orfraies... ça s'entend ! Ils se frappent au sang la poitrine et cependant, jamais, jamais ne décèlent la pullulation des youtres, ne remontent au complot mondial... Étrange cécité... »

Regardez ce jour le gouvernement et son opposition.

Quelle différence ? des broutilles ! Tous sont antiracistes (comme tous les décadents), tous pour les droits de l'homme, tous démocrates, tous pour l'aide au tiers-monde, l'accueil des « torturés », des paumés du monde entier, des excédents de natalité d'humanoïdes (ce sont nos frères que diable !) que l'on amène chez nous et que l'on paye pour faire des petits qui seront immanquablement nos bourreaux.

Pour toute cette politicaillerie délabrée, un petit voyage à Tel-Aviv pour s'asseoir dans le métier, obtenir le diplôme de politicien français et transformer les droidel'homme en droits des Juifs, et se déguiser en libre expression des idées juives évidemment.

Tout ceci nous conduit vers l'éclatement national, accentue les multiples discordes, mesquineries diverses, haines de voisins de palier.

Comment ne pas penser, comme Céline, à l'influence de la morale judéo-chrétienne pour l'extermination des derniers aryens, pour l'holocauste des Blancs, le vrai holocauste... le nôtre :

« Propagée aux races viriles, aux races aryennes détestées, la religion de "Pierre et Paul" fit admirablement son œuvre, elle décatit en mendigots, en sous-hommes, dès le berceau, les peuples soumis, les hordes enivrées de littérature christianique, lancées éperdues imbéciles à la conquête du Saint-Suaire, des hosties magiques, délaissant à jamais leurs Dieux, leurs religions exaltantes, leurs Dieux de sang, leurs Dieux de race.
Ce n'est pas tout. Crime des crimes, la religion catholique fut à travers toute notre histoire, la grande proxénète, la grande métisseuse des races nobles, la grande procureuse aux pourris (avec tous les saints sacrements), l'enragée contaminatrice.
La religion catholique fondée par douze Juifs aura fièrement joué tout son rôle lorsque nous aurons

disparu sous les flots de l'énorme tourbe, du géant lupanar afro-asiatique qui se prépare à l'horizon.
Ainsi la triste vérité, l'aryen n'a jamais su aimer, aduler que le Dieu des autres, jamais eu de religion propre, de religion blanche.
Ce qu'il adore, son cœur, sa foi, lui furent fournis de toutes pièces par ses pires ennemis.
Il est bien normal qu'il en crève, le contraire serait le miracle. »

(*Les Beaux Draps*)

Croyez-vous, mes rares derniers compatriotes, que c'est le fait d'un malheureux hasard, que c'est le sens de l'Histoire... de l'inéluctabilité des grandes décadences ? Que nenni comme dirait Ferdinand. C'est un plan, c'est le Grand Plan de notre extermination par métissage systématique, forcené, sous ordre juif, par l'épidémie mentale que le Juif propage.

Parfois, un Juif s'énerve, trouve que cette agonie aryenne traîne en longueur, que c'est indécent que nous soyons encore là à gesticuler, à faire le pantin, à discuter. L'Hébreu, alors, perd son sang-froid, se découvre, enlève son masque, devient imprudent. Vous ne voulez pas le croire ? En voulez-vous une preuve, un petit écho une rumeur mignarde ?

Voici un petit texte d'un maître pourrisseur, et pas n'importe qui, le grandissime Patron de toute la Métaphysique. Autre chose, comme poison que Locuste, la Voisin ou la Brinvilliers. Je veux parler de Sigmund Freud qui, dans une lettre du 28 août 1913, envoyée de San-Martino et adressée à une amie juive, Sabina Spielrein, enceinte depuis peu. (Lire *Entre Freud et Jung*, chez Aubier, 1980, page 273) :

« ... Pour ma part, comme vous le savez, je suis guéri de toute séquelle de prédilection pour les Aryens, et je peux supposer, si votre enfant est un garçon, qu'il deviendra un inébranlable sioniste. Il faut qu'il soit brun ou qu'en tous cas il le devienne (sic). Plus de tête blonde. Laissons courir ces farfadaiseries !... »

Remplacer Freud par Dupont, Spielrein par Durand, aryen par nègre, sioniste par nationaliste, blonde par crépue.

Alors vous aurez une petite idée des grands déchaînements d'opinion publique, des bouleversements émotifs des bien-pensants, du choc des mondes, du suicide du haricot. À peu près comme si l'on disait qu'il n'y a jamais eu de chambre à gaz pour vous donner une image des décibels dans Landerneau.

La chose importante, primordiale, qu'il faut absolument connaître, c'est de savoir qui a gagné dans nos guerres modernes ? Ce ne sont pas les forces démocratiques, pas les Alliés, pas le droit sur la pseudo barbarie, ni les droits de l'homme, ni même les Juifs. Depuis déjà plusieurs siècles que ça monte du Sud, c'est tout simplement le Nègre qui envahit tout, submerge, engloutit notre monde occidental, aux Amériques, Nord et Sud d'abord, puis maintenant en Europe.

Athènes et Rome bien avant, craquèrent sous poussée négroïde, tout ça bien organisé par des Blancs à tête d'épingle qui, pour un rapport immédiat, préparaient un avenir apocalyptique que nous commençons à entrevoir.

C'est ça la grande, l'immense Marée Noire, la vraie.

Je me repaye encore un petit morceau… le dernier :

> « Quand tout sera plus que décombres, le nègre surgira, ça sera son heure, ça sera son tour, peut-être avec le tartare. Le nègre, le vrai papa du juif, qu'a un membre encore bien plus gros, qu'est le seul qui s'impose en fin de compte, tout au bout des décadences. Y a qu'à voir un peu nos mignonnes, comment qu'elles se tiennent, qu'elles passent déjà du youtre au nègre, mutines, coquines, averties d'ondes…
> C'est la forêt qui reprendra tout, la géante, la tropicale, et le Bois de Boulogne et vos petits os, calcinés, pour rien, on peut le dire, la première chose vraiment gratuite que vous aurez jamais faite, un cataclysme pour des prunes. »

(Les Beaux Draps)

Nous voici maintenant englués dans une épouvantable connerie d'impasse d'où nous ne sortirons plus… c'est trop tard… trop tard depuis longtemps… trop tard depuis 1943… depuis Stalingrad.

Nos « gouvernants » gauche ou droite, sont à notre image : doctes, résistants de mes deux, libéraux verbasseux, dialectiquants démocrates, crapauds-buffles. Ils se gonflent de paroles, se dégonflent en vent. Ils sont pleins de creux.

Pendant ce temps, l'Afrique fait la queue pour s'inscrire à la Sécurité Sociale, SS assassine.

Bougnoules de tous les pays, unissez-vous ! Et construisez des ruines !

Bossez, marnez, peinez, payez, vous n'aurez jamais fini de suer au turbin, jamais fini d'aménager le territoire. Non seulement nous sommes empapaoutés mais nous fournissons la vaseline. C'est notre destin national... notre mission en ce haut monde.

Depuis toujours, depuis l'Antiquité connue, les porteurs de mauvaises nouvelles (surtout lorsqu'elles sont vraies), sont éjectés de la société « raisonnable ». Ce sont eux les affreux... les empêcheurs de déconner en rond... personne ne les écoute, ceux de Russie ou d'ailleurs.

Vous, si héros, si résistants, si anti-nazi, anti-boche, anti-tout, anti-rien, si forces populaires, si liberté démocratique, si Droits de l'homme, vous voilà occupés, dépecés, achetés, vendus par des nègres, des crouilles, des jaunes, et tous les surplus de pouillerie de la Terre. Les Soviets s'écroulent... ils peuvent revenir en s'appelant autrement. Là, ce sera la Grande Fête... Vox Populi, Vox Connri. Pas d'issue, car votre biologie est foutue. Après des siècles d'Église et de pinard, vous voilà passés en deux générations des échappés de bidet aux résidus de Pilule. Avec un terrain d'infection aussi favorable, le Juif n'a pas eu beaucoup d'efforts à faire pour vous basculer aux ordures.

Vous préférez la quantité à la qualité, la masse à l'aristocratie... tant pis pour vous.

Vous voilà embarqués sur un effroyable bateau... pire que l'Amiral Bragueton, pire que La Méduse, pire que l'arche à Noé.

Vous toucherez plus jamais aucun port… tous les bateaux sont faits pour couler.

Tout sera englouti : Juifs, nègres, bicots, prolos, cocos, bourgeois, anti-racistes, gaullistes, sidaïques.

Vous verrez… un remous pendant cinq dix minutes… pas plus… puis plus rien… des vagues… du vent… un zéphir… aucune trace…

On sera bien tranquille.

CARADEC

La Gerbe

13 février 1941

L'article n'est point mon fort. La politique non plus, d'ailleurs. Il y faut un tour que je ne possède pas. Tels que je les trouve. Mais une question se pose : pourquoi tout ce babillage ? Cette hypocrisie ?

J'ai connu au bord de la mer, en Bretagne, une petite fille à laquelle sa maman lisait beaucoup d'histoire sainte. Cette petite fille fut fort frappée par le cas de Joseph qui se trouvait, lui, couramment visité par les songes. Elle se mit, cette petite fille, à avoir aussi des songes. Seulement elle les avait « après ».

— Maman, j'ai eu un songe cette nuit, que tu tombais de bicyclette !

Fait tout à fait exact, mais de la veille.

Ainsi Sergine, jamais sans vert, ne se trompait jamais de songes ; ce qui est drôle chez une petite fille de sept ans est encore plus drôle chez un auteur de quarante ans, seulement d'une autre façon.

Je me réfère à tous ces livres, à tous ces articles, plaidoyers, mouvement, témoignages, et leurs auteurs, qui paraissent, s'agitent en nos zones « sub-maudites », depuis juin.

L'œuvre des « songeurs-après ».

Je parcourais hier encore un livre récemment paru ; il est clair que son auteur, si les choses avaient tourné de façon fort différente, se tenait prêt à nous donner, raide comme balle, un « 225 fortes pages », « Après la Victoire », pas du tout à piquer des vers, et ressemblant comme un frère à celui qu'il a publié : mêmes styles, documents, même mouture, le même en somme à l'envers, vu de dos. Nous n'y coupions pas. Les œuvres des « songeurs-après » sont toutes strictement réversibles. Elles ont ce caractère commun, et puis ne parlent jamais des Juifs. Elles réservent l'avenir. L'auteur nous affirme (comme il s'aventure), que son célèbre écrivain d'ami Raoul Trudule de la Gardière avait en termes d'une profondeur admirable, tout seul, et bien avant juin brossé quel tableau du désastre ! Que son autre génial célèbre écrivain d'ami Prosper de la Médouze avait effroyablement pressenti toute la tragédie de l'époque. Première nouvelle ! Les pressentiments de cet ordre menaient plus souvent qu'à son tour droit en douzième Chambre, où je ne rencontrai jamais, ni l'un ni l'autre, conformes au possible en ces temps.

Trêve de batifole ! Sous Blum toute la France était bloumiste : et poing tendu et tant que ça peut ! antihitlérienne à crever : et la Médouze et la Gardière pire que tous les autres ! Si les écrivains français sont de la race « songeurs-après », ils sont aussi, pour l'occasion, moutonniers panurgiens splendides !

Je les vois tous tambours-majors, tout tourbillonnant de leurs cannes, non placés à l'avant des troupes, mais en arrière, d'autant plus fiers comme Artaban ! et rassurés contre tous risques ! Front populaire et Rapprochement.

Il va de soi, bien entendu, qu'un livre comme celui-là est accueilli à hosannah par toute la grande presse rapprochiste.

On se retrouve !

Ceux-là non plus ne parlent jamais de la grave question.

À aucun prix : les mêmes consignes qu'avant juin ! Ne jamais parler des Juifs ! Je me dis tout en les lisant : « Tiens ! ce sont des arrière-pensistes ! » Qu'attendent-ils tous pour nous trahir ? Le bon moment.

Cent mille fois hurlés « Vive Pétain » ne valent pas un petit « Vire les youtres ! » dans la pratique. Un peu de courage, n... de Dieu : « Courage après » et moins de mots !... Et je vais te rechercher Péguy et le « Grand Meaulnes » et la suite !... demain la Remarie Chapdelaine ! tout pour diversion ! noyerie des poissons ! bibelots de poussièrerie, dépassés à cent mille mesures par les cataclysmes du jour !

Rapetisser, édulcorer les cyclones à la mesure « menu jean-foutre », mesure française, c'est le but sournois.

Voyez que nous sommes vraiment loin de compte...

« Très grands biaiseurs », « arrière-pensistes », « petits biaiseurs », « songeurs-après », « éludistes »... C'est trop pour moi ! Quelle clique ! Quel brelan d'acrobates ! Fripons ! Tous travaillant à plein filets ! Je préfèrerais encore Lecache, la bourrique, l'employé de provocation, tout franchement hideux, bas gras chancre. Sampaix, cet étron incroyable... Il y a de tout dans vos journaux ! et re-de-tout pour ainsi dire : Crypto, paras, microni youtres ! On ne sait jamais, avec ça, qui va bien vous écrire dans le dos ! Ils vous ont prouvé le contraire ? La belle affaire ! Ils ne me le prouveraient pas ! Cocu qui veut bien ! Prenez-vous Pavlowa, Huysmans pour Aryens ? Que Dieu vous entende !

Et qu'est-ce que cette flopée de supernationaux poustouflants ? Pantoufles ? « Plus de luttes entre les trusts ? ».

Je lis dans les programmes... On les choye alors ? On les préserve, on les berce ? On a peur qu'ils se fassent du mal ?

Bobo ? C'est ça votre Révolution ? Aux fous : Vous accourrez me réveiller quand on abolira les trusts. Pas avant ! De grâce !

Est-ce qu'on fait la guerre de Cent Ans ? Je ne suis au courant de rien. Je voudrais bien qu'on me renseigne. Du train où je vous vois partis, c'est un plan de trois, quatre siècles.

C'est une affaire entre les morts.

Ah ! quand je pense à tout ce qu'on pourrait faire avec des gars qui n'ont pas les foies ! Ah ! que ça ne traînerait pas, ça ne ferait pas un pli ! pas un ouf ! Ah ! je demeure tout ébaubi, pensif, ravi, atterré. Entendez-vous le moindre cri ? Le plus petit ronchonni ? Que non ! Que Diable ! nenni ! nenni !

Ainsi se fait le grand travail des personnes versées dans la chose. Qui vive foutre sang ? Qui vive ? quinze jours il faut en tout pour dégeler la France, quinze jours et savoir ce qu'on veut.

Il est un décret de nature, que les fourmis, toujours, toujours, mangeront les larves.

On délivre à certains de très hauts brevets de francisme.

Ils nous semoncent de battre coulpe ! Nous tancent de verte façon ! Allons-y ! Nous sommes en pleins bouffes ! Veulent-ils la médaille militaire ? Moi je veux bien ! Cependant, je suis difficile ! Il ne me suffit ! Je voudrais qu'ils nous disent un peu tout ce qu'ils pensent de la question juive ! Nous serions heureux, jubilants ! Foi qui n'agit n'est point sincère ! Ah ! Il faut prendre position ! Aujourd'hui même, non demain ! Tout ce qui tient plume en France, scène, film, babil, devrait sur l'heure, tout comme en loge.·., remplir son devoir. Que cela constitue dossier ! Compromettons-nous ! En toute liberté bien sûr, spontanément, au pied du mur. Sans aucune pression. Et l'on saurait à qui l'on cause, enfin ! Acte de baptême n'est point tout ! Acte de foi, net, par écrit.

Les Juifs sont-ils responsables de la guerre ou non ? Répondez-nous donc noir sur blanc, chers écrivains acrobates.

Qui vive ? Qui vive ?

On a le droit vraiment d'être désolé sur cette terre où rien ne pousse, décidément.

Louis-Ferdinand Céline

« Le Fait »

22 février 1941

Mon cher Combelle, je hais trop chez autrui ces étalages, ces putanats pour m'y livrer personnellement. Tout est hystérie, narcissisme dans notre métier, je veux bien, mais encore une certaine décence est-elle notre rachat, une certaine transposition, notre peine qui nous excuse un tout petit peu.

Hors cela quelle abjection ! Peu d'écrivains à Paris ? Vous m'étonnez ! Le beau serait d'interviewer précisément tous les autres. Vous n'avez pas fini de rire ! Je parie qu'ils auront tous des titres admirables, des attitudes magnifiques. Et que sont devenus tous les absents ? Voilà qui serait curieux. On n'en parle jamais ? Complicité de silence. Aller-y ! Que font-ils ? où sont-ils ? À combien trahissent-ils ? À combien l'heure ?

Ces splendides élites. Amérique ? Angleterre ? Marseille ?

C'est le moment de savoir, de tout savoir... À vous.

Louis-Ferdinand Céline

P.S. Que fait votre ami Benda ? Et Duhamel ? Et Giraudoux ? Voilà qui nous intéresse.

« Aujourd'hui »

7 mars 1941

Monsieur le Rédacteur en Chef,

Votre collaborateur Robert Desnos est venu dans votre numéro du 3 mars 1941 déposer sa petite ordure rituelle sur *Les Beaux Draps*, ordure bien malhabile si je la compare à tant d'autres que mes livres ont déjà provoquées. Un de mes amis détient toute une bibliothèque de ces gentillesses. Je ne m'en porte pas plus mal, au contraire de mieux en mieux.

Monsieur Desnos me trouve ivrogne, « vautré sur moleskine et sous comptoirs », ennuyeux à bramer, moins que ceci... pire que cela... Soit ! moi je veux bien, mais pourquoi monsieur Desnos ne hurle-t-il pas plutôt le cri de son cœur, celui dont il crève inhibé... « mort à Céline et vivent les Juifs ! »

Monsieur Desnos mène, il me semble, campagne philoyoutre (et votre journal) inlassablement depuis juin. Le moment doit être venu de brandir enfin l'oriflamme. Tout est propice. Que s'engage-t-il, s'empêtre-t-il dans ce laborieux charabia ?... mieux encore, que ne publie-t-il monsieur Desnos, sa photo grandeur nature, face et profil, à la fin de tous ses articles ?

La nature signe toutes ses œuvres. Desnos, cela ne veut rien dire.

Va-t-on demander au serpent ce qu'il pense de la mangouste ? Ses sentiments sont bien connus, naturels, irrémédiables, ceux de monsieur Desnos aussi. Le tout est un peu de franchise. Voici tout ce qu'il importait de faire savoir à vos lecteurs, réponse que je vous prie d'insérer, en même lieu et place dans votre prochain numéro.

Veuillez agréer, je vous prie, Monsieur le Rédacteur en Chef, l'assurance de mes parfaits sentiments.

Louis-Ferdinand Céline

« Le Pays Libre »

5 avril 1941

Maryse Desneiges me prend à parti dans *Le Pays Libre* du 22 mars 1941.

Très bien, Madame, bravo ! Vous êtes dans la « Ligne Geneviève » !

Une femme seule contre la guerre !... Une faible femme seule défend l'honneur français ! Splendide ! Jeanne d'Arc !

Nous entrons dans l'hystérie la plus chère aux Français : « le délire avantageux » ! Le rôle en or !

Peu soucieux de plaire, j'ai l'habitude de disposer quelques batteries assez gentiment dans mes livres où les niais viennent se prendre et se font mitrailler impeccablement. Ils n'y manquent jamais.

Aux faits : 1° L'honneur militaire d'une Nation, Madame, est collectif et non singulier. 2° Quels sont les faits ?

Deux millions de prisonniers. Pour une armée vaillante n'est-ce point beaucoup ? (Après huit mois de garde-à-vous, soigneusement nourris).

Prisonnier de 14 à 18 c'était un peu honteux. On est moins fier aujourd'hui.

Est-ce admirable ? 180 généraux français à la belote en Allemagne.

Il me semble qu'il y aurait lieu de se taire. Ne pensez-vous pas ? Mais j'ai dû manquer encore de cruauté puisque vous n'avez rien compris...

Chère gaffeuse, l'occasion était trop belle, si gentiment offerte, de piquer une petite crise (Jeanne d'Arcienne), le rôle rêvé de toutes les femmes.

Vous êtes dans la bonne voie, Madame, avancez encore un peu. Flattez ! Flagornez ! De l'audace, vous êtes certaine de toujours gagner avec les Français, sur ce chemin des pieuses réconfortantes balivernes. Le Français aime le mensonge.

Relevez l'honneur, le gant, mordieu ! Allez-y ! Voyez où nous en sommes ! Flagornerie et fanfaronnade, les deux mamelles de la France, pourrie-nourrie de cy, attendez la suite ! La dernière raclée ne vous suffit pas ? Elle ne suffisait pas non plus à Clemenceau. Total : 2 millions de morts (autant de prisonniers aujourd'hui). Total : l'état ignoble dans lequel nous nous trouvons, stagnants, abrutis. La vanité française, germe inépuisable de sottises et de catastrophes. Crânes de piaf entrent en transe ! Que de lettres chaleureuses vous aller recevoir. De quoi faire démarrer votre tirage, du tout cuit ! Le cabotinage cornélien fait toujours, en France, salle comble.

Si les femmes s'en mêlent ! pensent guerrier ! la Vivandière ! Viens avec nous petit !

Votre lettre n'aurait aucune conséquence et je la laisserais passer comme tant d'autres si elle ne prouvait précisément que rien n'est compris, que rien n'est changé, que le vieux fond vaniteux désastreux, celte gloriolant, brasille toujours à plein, celui que les Juifs font si bien flamber pour les besoins de leur cause.

Ô perruches !

Quel monde sépare donc les choses vues, les vérités extérieures, des choses payées, passées dans la viande ! les vérités que l'on sait ne sont décidément rien, seules comptent les vérités payées, saignées, personnellement. L'héroïsme pour vous, madame, c'est une transe, un excitant, donc une déconnerie. Vous n'y manquez pas. Et en avant les « petits casques sur les tombes » !... Les "Croix de bois" !... Nous retournons aux journaux de 14-18, expliquez-moi donc plutôt les 180 généraux de 40. Voilà où se trouve le courage journalistique « actuel », le devoir, l'œuvre de vérité, la cure extraordinairement urgente de désintoxication nationale.

Fatuité, jactance, opium des Français. Mal latin, abrutis à mort. Le nez national dans sa marchandise et non dans le patchouli, raccrocheur et flatteur, optimiste, euphorique.

Jeanne d'Arc ! Déroulède ! La « Débâcle » a valu à Zola ses plus virulentes haines, je serai fier de les recueillir toutes, puisqu'elles sont vacantes et cherchent un emploi. Merci de me désigner. Mais moi, j'ai déjà celle des Juifs. Merveille ! Et bientôt, je le vois, celles des antisémites. Hurray, je commence à vivre bien.

L'héroïsme n'est pas à présent, Madame, l'intitulé à toute force. « Épopée » l'énorme burlesque dégonflage 39. C'était sous Blum de hurler au crime en gestation. L'avez-vous fait ?

Alors taisez-vous. Seuls ont droit d'opinion ceux qui se sont montrés lucides et sus à tous les risques au moment opportun.

Non lorsque tout n'est plus que théâtre et poncif retapés.

Femme, vous tenez énormément aux personnalités que je déteste. Soit ! Vous allez aussi de ce côté être promptement servie (et vos petits amis aussi qui se pressent pour être édifiés). En avant les titres au droit de parole ! Qui dit mieux ?

Engagé volontaire, mutilé de guerre 75 %, ne me parlez plus de ces pauvres « bras pendants ! » de ces « pauvres yeux ! » de ces « pauvres têtes ! » Hélas ! je possède toutes ces misères, personnellement, non en phrases, depuis vingt-six ans ! jour et nuit ! j'en ai à revendre, Madame, des suites de guerre.

Reprenez ce mêlé ! Médaille militaire, quatre citations, depuis octobre 1914, dans la troupe, maréchal des logis, faites-moi grâce de même des traits de vaillance. C'est à coups de traits de vaillance que l'on renouvelle les boucheries, qu'on émoustille les ovaires, prépare l'électeur et le prochain boudin.

Cocorico ! Madame, tenez-moi quitte ! J'en oubliais encore : Rengagé pendant la dernière, dans la flotte, torpillé devant Gibraltar, je me suis tenu, au témoignage de mes chefs, croyez-le madame, assez honnêtement, au feu et devant la noyade.

Je reproche aux Français d'avoir lancé à travers le monde des cartels grotesques, gâteux, qui leur sont retombés sur la gueule et de bouillir d'en lancer d'autres, et vous avec eux, Madame, pleureusement, acharnés devant la tradition vinassière, furieusement imbécile, tradition dont nous méritons de crever enfin tous, et je l'espère, une fois pour toutes.

Louis-Ferdinand Céline

« Au Pilori »

2 octobre 1941

Mon cher Directeur.

Les Français, fidèles à la tradition, sont demeurés tout au fond, dans l'ensemble, royalistes. Depuis Samuel Bernard, ils sont fidèles à leur roi juif. Celui qui fait en ce moment à Vichy l'intérim des Rothschild se trouve beaucoup plus puissant qu'aucun de ses prédécesseurs. (Louis XIV n'était qu'un petit garçon). Il le confiait lui-même tout récemment à l'un de ses médecins. Que peut oser, dans ces conditions, le Commissariat aux Juifs ? Des grimaces. Il serait beau qu'il agisse ? Il ne tiendrait pas vingt-quatre heures !... Toute l'opinion publique française est philosémite, et de plus en plus philosémite ! (On mangeait si bien sous Mandel !) Qui pourrait tenter de remonter un pareil courant ? Personne. L'école communale (si maçonne), a donné, une bonne fois pour toutes, au Français son ennemi héréditaire : l'Allemand. La cause est entendue.

Les Français ne changent jamais d'idées. Ils sont immuables, ils disparaîtront tels quels. Ils sont noués. Ils n'ont plus l'âge ni le goût des variations. Ils préféreront mourir que de réfléchir, ils préfèreront la mort à l'abandon d'un préjugé.

Quels sont (pensent-ils...), les ennemis les plus sûrs des Fritz ?

Ce sont les Juifs ? Alors, nom de Dieu ! Cinq cent mille fois : « Vivent les Juifs ! »

Propagande ? Explications ? Démonstrations ? Baratin ? *Zéro* ! Le pli est pris. La pièce est jouée. Argent, temps perdus.

Pour recréer la France, il aurait fallu la reconstruire entièrement sur des bases racistes-communautaires. Nous nous éloignons tous les jours de cet idéal, de ce fantastique dessein.

L'alouette est demeurée vaillante et joyeuse, elle pique toujours au ciel, mais les Gaulois ne l'entendent plus... Liés, amarrés au cul des Juifs, pétris dans leur fiente jusqu'au cœur, ils s'y trouvent adorablement.

Louis-Ferdinand Céline

« La Gerbe »

23 octobre 1941

Bravo pour votre article ! Je suis avec vous à fond ! Vivent les restaurants coopératifs et pour tous ! La dictature de l'épicier est la plus humiliante de toutes !

Qu'on nous débarrasse de la « hantise de tripes » par le restaurant coopératif obligatoire. En France, tout est gueule.

L'obsession des Français est là. Le marché noir nous ouvre la carrière !

C'est là qu'il faut tout innover, rénover. Il faut que chaque citadin puisse, s'il le désire, se nourrir sans passer par le fournisseur. Il ne retrouvera sa liberté qu'au restaurant coopératif. Et merde aux tyrans fruitiers !

Notre dignité est à ce prix. Je ne plaisante pas, je le pense. Votre idée est admirable.

Elle contient toute la révolution, la seule pour commencer.

Bien cordialement.

Louis-Ferdinand Céline

« Au Pilori »

30 novembre 1941

Le point de vue de Céline sur la création du Comité Central Israélite.

Aucun doute, mon cher Lestandi, votre idée est une grande idée napoléonienne, seulement vous savez ce qu'il est arrivé à Napoléon pour avoir voulu réunir les Juifs plus étroitement encore, les rassembler sous sa main en kahals conformes…

Très vite leur virulence en fut exaspérée au point de faire sauter leur protecteur, vous connaissez la suite, l'effroyable suite ! Je redoute fort qu'il en advienne de même de votre Comité Central Israélite.

Je vois très rapidement sous-direction autonome juive, cet organisme devenir le plus puissant, le plus écouté, le plus redouté des ministères de la nouvelle France (avec toute l'effrénée complicité, la ferveur, la vénération des aryens en masse). Je ne donne pas six mois avant que tous les Français viennent chercher au C.C.I. leurs mots d'ordre, leur marché noir, tous leurs artistes, leurs représentants, leurs prisonniers, leur laisser-passer.

Si vous n'y prenez pas garde, tout naturellement, les futurs présidents du conseil sortiront du C.C.I.

Si nous n'avions affaire qu'aux Juifs, cher Lestandi, si nuls, si grossiers, plagiaires myopes, si creux, si burlesques, tout serait simple, mais nous avons affaire aux Aryens, surtout aux Aryens, si vils, si veules, si dégénérés, si antiracistes, si maçons, si dégueulasses, si enjuivés. Ne l'oubliez jamais.

Arracher un chien à son maître est œuvre douloureuse sous toutes les latitudes, je ne vois pas comment vous arracheriez le Français 1941 à son Juif. Le Français et surtout la Française, n'imaginent même pas leur existence sans Juifs...

La « symbiose » est totale. Ils n'éprouvent d'affections, de passion, de vice que par le Juif. Toute leur affectivité est accaparée, monopolisée par le Juif, la grimace juive, l'imposture juive.

Il ne s'agit plus de sauver le Français, l'actuel Français est définitivement perdu, pourri, cadavérique, il s'agit de recréer du Français.

Sous quelle mystique ?

De quel enthousiasme ? Sous quel Dieu ?

À votre santé, cher Lestandi ! Et bon courage ! et bien cordialement.

Louis-Ferdinand Céline

« L'Appel »

30 octobre 1941

J'en ai assez de rabâcher sur la question juive.

Trois livres catégoriques suffisent, je pense.

Vieux médecin, je déteste le patakès et les ordonnances vaines. Le babillage. Après tout, je suis le seul à qui on n'ait pas demandé son opinion sur la question.

Je l'ai donnée avec éclat sous Blum, sous Mandel.

Mais les autres ? Tous les autres écrivains ? Il y a des années que je voudrais savoir ce que pensent Duhamel, de Monzie, Bergery, Montherlant, Colette, Mauriac, Châteaubriant, Bordeaux, Guitry, Déat, Luchaire, Drieu, Morand, etc. Laval ? Giraudoux ? Quel silence !

Sont-ils racistes ou merde ? Ces grands rapprochistes.

Approuvent-ils ou désapprouvent-ils les lois de Nuremberg ?

Je propose ce fameux lièvre à tous vos confrères depuis un an.

Ce n'est pas moi qu'il faut relancer. J'ai tout dit et les autres continuent à ne rien dire.

Louis-Ferdinand Céline

« Je Suis Partout »

22 décembre 1941

Mon cher Laubreaux.

Je vous suivais mal dans l'affaire Cocteau sur le plan artistique et moral.

Je vous voyais sous peu atterrir chez Bordeaux. Mais quelle virtuosité dans le rétablissement ! J'en suis baba ! Sur le plan raciste, alors je vous suis cent pour cent.

Raison de race doit surpasser raison d'État ! Aucune explication à fournir. C'est bien simple. Racisme fanatique total ou la mort ! Et quelle mort ! On nous attend ! Que l'esprit mangouste nous anime, nous enfièvre !

Cocteau décadent, tant pis !

Cocteau, Licaïste, liquidé !

À vous, bien affectueusement.

Louis-Ferdinand Céline

« L'Appel »

4 décembre 1941

Mon cher Costantini,

Je vous signale que Péguy n'a jamais rien compris à rien, et qu'il fut à la fois dreyfusard, monarchiste et calotin.

Voici bien des titres, certes à l'enthousiasme de la jeunesse française, si niaise, si enjuivée. Pour le jeune Français catéchumène, rageur, ratatiné, bougon, découvreur de lune, ce Péguy représente admirablement tous ces jeunes Français selon tous les vœux de la juiverie. Une parfaite « assurance tout risque ». L'abruti à mort.

Vous vous souvenez peut-être, en mai 1939, de cette « Quinzaine Péguy » à la Comédie-Française ?... le dernier spectacle de ce théâtre avant la catastrophe... et signé : Huisman, Mandel. Que vous faut-il ?...

Et mon enquête ?... Tombée à l'eau ?... L'on se fout énormément, cher Costantini, de savoir si les balbutiements de tel auteur aux langes relevaient déjà du génie. Mais on voudrait, ô combien, connaître l'opinion de nos plus tumultueuses élites sur la question juive, sur le problème délicat du racisme ?...

Oh ! comme elles se font prier nos élites !... Quelle discrétion soudaine...

Comme toute cette témérité, tant de fois proclamée, se gerce, se glace devant l'abîme. Il faut s'y jeter pourtant ou tout perdre.

Mais quels risques après tout... Le Jeanfoutre est de nos jours beaucoup mieux vu que le brave.

Retourner sa veste pose un homme.

C'est en 1941 qu'il faudra, je crois, pour l'histoire, situer le triomphe éclatant de la Jeanfoutrerie, l'apothéose définitive, cosmique, de Jeanfoutre.

Et vous, bien cordialement.

Louis-Ferdinand Céline

P.-S. — De tous les écrivains français revenus récemment d'Allemagne, un seul nous a-t-il donné quelques impressions sur le problème juif en Allemagne en 1941 ?... Ils ont tous ergoté, tergiversé autour du pot.

Les mêmes n'apercevaient même pas les Juifs en Amérique avant 1939... C'est une manie, ils ne les voient nulle part.

Au fond, il n'y a que le chancelier Hitler pour parler des Juifs. D'ailleurs, ses propos, de plus en plus fermes, je le note, sur ce chapitre, ne sont rapportés qu'avec gêne par notre grande presse (la plus rapprochiste), minimisés au possible, alambiqués, à contre cœur...

L'embarras est grand. C'est le côté que l'on aime le moins, le seul au fond que l'on redoute, chez le chancelier Hitler, de toute évidence. C'est celui que j'aime le plus. Je l'écrivais déjà en 1937, sous Blum.

« Au Pilori »

8 janvier 1942

Mon cher Lestandi,

La Sûreté Générale de Toulouse s'est donné le mal d'aller saisir chez un libraire dix-sept exemplaires des *Beaux Draps*. Pour quels motifs ? Je n'en sais rien. Un an après leur parution ! Je le saurai peut-être un jour. La vertu déferle outre-Moulins ! les fusils de la retraite, à présent séchés sans doute, partent tout seuls dans le Midi ! Il existe certes bien d'autres drames en ce moment, bien plus angoissants par le monde !

Mais la Sûreté Générale n'a-t-elle non plus d'autres soucis que d'aller saisir mes poèmes au moment où le monde s'écroule, où le déluge est à son comble ! Quelle tentation d'immodestie ! Je serais ravi, exultant, néronisé pour tout dire et pour la somme de 60 francs (mes droits d'auteur) si j'étais au fait du motif ! Mais je l'ignore ! Voulait-on me pendre à Toulouse ? Me brûler symboliquement ? C'est fort possible.

Tant de personnes veulent me pendre et le clament bien haut tous les jours !

Et moi, dès lors, que leur ferais-je ? Au supplice ! Mais chacun son tour !

Ne les avais-je point bien prévenus qu'ils seraient à deux ans de là s'ils s'acharnaient si stupidement : fessés, ignobles, plus regardables, merdeux ahuris, crevards cons, éberlués verts de catastrophe, bramants à la mort ? Qu'ils « tomberaient plus bas que les Russes, qu'on les ramasserait dans la rue ? »

Tout cela fut bien net écrit, et noir sur blanc, et sous le Blum, et par nul autre que moi-même, votre humble et dévoué serviteur. Que me cherche-t-on pouille à présent ? Me pendre ? C'est elles qui me doivent des comptes, ces personnes folles aventurières ! Y songent-elles ? Si elles m'avaient toutes écouté, nous n'en serions pas là du tout !

Nous serions heureux, respectés par les temps qui courent, condescendants, impressionnants, derrière notre ligne Maginot intacte, les fiers arbitres de l'Univers avec nos trois cents divisions blindées et pédestres : On aurait pas un prisonnier.

J'appellerai ça du beau travail, du travail à la Richelieu, et pas du travail de sales cons, bousilleurs, suicidés, noyés, pipés, pagailleurs dans leur merde.

Ah ! Les jolis raccommodeurs ! Regardez-moi ces espiègles ! Je ne suis pas du tout responsable, ni solidaire, qu'on se le dise ! Maldonne ! Méprise ! C'est moi qu'on a fourvoyé ! C'est moi qui suis la victime dans cette aventure de sales cons ! Et pas qu'un petit peu ! Éclatante ! Vont-ils aller saisir Maurois ? Romains ? Bernanos ? Je vous le demande !

Qui dégueulent à tout Éther sur le vénéré Maréchal à trois mille Miles de distance ? Vous ne voudriez pas ! Déserteurs, planqués, vendus, ce sont les classiques de demain ! Ils auront sûrement le prix Nobel ! C'est ainsi que l'on pense à Béziers, Narbonne, Toulouse et la suite... et à Vichy bien entendu, ce chef-clapier des bourbiers juifs. Vichy, sans en avoir l'air, protestant bien haut le contraire, se met au pas de Radio-Londres. Vichy file droit devant Cassin.

Je réclame pardon ! Je réclame ! S'il y a des pendus dans l'Histoire, c'est tous les autres et non pas moi ! Embringué dans leur cataclysme ! Au châtiment tous les coupables ! En toute justice !

Qu'ils y passent tous à la potence ! Ça leur fera bien les os ! Je les regarderai balancer.

Je leur dirais bien à Riom, s'ils me convoquaient. C'est moi qui devrais être le terrible Procureur général. La loi je la connais, c'est les trois livres que j'ai écrits. Je n'ai qu'à me référer aux chapitres.

Je suis le patriote N° 1 ! Je voulais la sauver, moi, la France ! Pendez, monsieur ! pendez, mais oui !

Je pourrais même, pour la circonstance, leur lire encore une petite « Suite » qui leur ferait certainement plaisir.

Elle n'a pas pensé à tout ça, l'effrénée Sûreté Générale.

Elle aura peut-être l'occasion, quand j'irai un peu la saisir. J'ai trop payé les pots cassés ! J'en ai assez, moi, finalement ! Qui n'y suis pour rien ! Quarante-sept ans que ça dure !... Tout un terme, vous allez voir !... chacun son tour, n'est-il pas vrai ?

Riom ! Riom ! C'est bien vite dit !

À vous, Lestandi, cordialement et bien sincèrement.

Louis-Ferdinand Céline

Engagé tout jeune volontaire,
et puis grisonnant,
ancien combattant des deux guerres,
mutilé 75 %, médaillé au front,
militaire, pas au micro,
mais dans les Flandres,

novembre 1914.

« Cahiers de l'Émancipation Nationale »

mars 1942

Mon cher Jacques Doriot,

Pendant que vous êtes aux Armées, il se passe de bien vilaines choses. Entre nous, en toute franchise, nous assistons en ce moment à un bien répugnant travail : le sabotage systématique du racisme en France par les antisémites eux-mêmes. Ils n'arrivent pas à s'entendre. Spectacle bien français.

Combien sommes-nous d'antisémites en tout et pour tout, sur notre sol ? Je ne parle pas des badauds. À peine une petite préfecture !... et, parmi ces émoustillés, combien de chefs ? valables, armés, présentables ? Une douzaine…

En ce moment décisif, inspiré, mystique, à quelle tâche les voyons-nous passionnément s'adonner ? À se tirer dans les pattes !

Ne parlons pas de la troupe, un seul souci : éliminer, dénigrer, exclure, reléguer au second plan le rival possible !

Moi ! moi ! moi ! envers et contre tout... La maladie du crapaud. Jalousie ! Chacun vedette ! et seul en scène ! au palmarès ! au micro ! à l'Élysée !

Et merde donc pour l'équipe ! Et crève l'antisémitisme !

Et crèvent tous les cons d'Aryens ! Tel est le mot d'ordre profond ! Voici au fond le résumé, le résultat simple et sinistre de la rage aryenne en action, le dénigrement démentiel, la passion délirante du « Soi ». La cause est perdue.

Elle finit même, à tout prendre, par vous écœurer un petit peu, cette cause aryenne impossible.

Puisque nous sommes si pourris, tellement indécrottables, si bêtes, disparaissons donc, charogne !

L'histoire Vercingétorix sur un autre plan recommence, identique. Tout est écrit.

Qui jubile ? lampionne ? se régale ? Le Juif parbleu ! Quelle aubaine ! Mettez-vous un peu à sa place !

À lui les belles infiltrations, les travaux de sape tout cuits.

Les fontes de bastions, citadelles ! toutes offertes par leurs défenseurs ! des traîtres comme s'il en pleuvait ! La ville ! l'État ! le corps ! l'âme ! tout ! l'Église !

Le monde, une affaire permanente, pour le Juif, en somme.

Quelle résistance un peu sérieuse ? Aucune, pardi ! Quelques grimaces...

Tout tombe dans la main du Juif, par discorde et dénigrement. Il n'a qu'à saisir. On le prie. On le supplie.

Pourtant, la tâche serait facile, enfantine, avec un peu de volonté... Volatiliser sa juiverie serait l'affaire d'une semaine pour une nation bien décidée.

D'où détiennent-ils, ces fameux Juifs, tout leur pouvoir exorbitant ? Leur emprise totale ? Leur tyrannie indiscutée ?

De quelque merveilleuse magie ?... de prodigieuse intelligence ? d'effarant bouleversant génie ?

Que non ! Vous le savez bien ! Rien de plus balourd que le Juif, plus emprunté, gaffeur, plus sot, myope, chassieux panard imbécile, à tous les arts, tous les degrés, tous les états, s'il n'est soutenu par sa clique, choyé, camouflé, conforté, à chaque seconde de sa vie ! plus disgracieux, cafouilleux, rustre, risible, chaplinien, seul en piste ! Cela crève les yeux !

Oui, mais voilà ! et c'est le hic ! Le Juif n'est jamais seul en piste !

Un Juif, c'est toute la juiverie. Un Juif seul n'existe pas. Un termite : toute la termitière. Une punaise, toute la maison.

« Aimez-vous les uns les autres » est une bonne parole de Juif comprise seulement par les Juifs.

Lucien Descaves me disait un jour, me parlant un peu de ces choses : « L'aryen, voyez-vous Céline, c'est "Sans famille"... »

Voilà tout l'horrible et notre condamnation.

Notre défaite est morale, elle n'est point d'intelligence.

Nous sommes « antisolidaires » par principe, religion, habitude maudite, et le Juif n'est que cela : le « Solidaire ».

Une seule famille, il est monsieur « Tout-famille », monsieur « Partouze et Téléphone ».

Nous devons perdre.

La solidarité aryenne n'existe pas, sauf chez les « maçons », et seulement pour l'usage « maçon », et dans le sens juif.

Une équipe où chacun ne joue que pour soi est une équipe battue d'avance.

À quoi ressemble, je vous le demande, sur l'actuel plan politique ces cinq, six partis nationaux ? Nanan prodigieux pour les Juifs ! Sages de Sion ! Cafouillage, division, camouflage, travail de bisbille. J'en vois bien cinq à fusiller de ces partis, peut-être six. Pourquoi plus d'un seul parti ?

L'Aryen Socialiste Français, avec Commissaires du Peuple très délicats sur la doctrine, idoines et armés ! Tout le reste n'est que trahison, de toute évidence, créations de Juifs...

La guerre civile, bavarde, permanente, qui nous a si bien abrutis, est re-toute prête à fonctionner, entièrement juive.

La Démocratie éternelle, le libre feu des Partis, la « lutte des idées » !

Si nous étions solidaires, l'antisémitisme déferlerait tout seul à travers la France. On n'en parlerait même plus. Tout se passerait instinctivement dans le calme. Le Juif se trouverait évincé, éliminé, un beau matin, naturellement, comme un caca.

Je ne dis rien de cette « élite compréhensive », « rapprochiste » qui parle et pérore en tous lieux, sur toute tribune, et qui ne parle jamais des Juifs : 95 % de l'élite, en vérité ! Couci-couça futés félons, sorte de néo-mencheviks, biais mijoteurs de catastrophes. Flore rapprochiste que je connais ! de bien trop bonne éducation pour s'encanailler près de nous. Prolixe verbeuse à tous les coups ! Flan du cœur ! de la raison ! toute la musique ! Glaciale dès qu'il s'agit des youtres ! Prudence ! Eh, là ! peutt ! peutt ! La question juive ?

Vous n'y pensez pas ! cher ami ! Mais je n'y connais rien du tout ! Je ne dirais que des bêtises !... Jean-foutres ! Torves guignols à fusiller, pour ordre.

Il n'existe qu'une seule question : la Question Juive !

Sans les Juifs, le rapprochement franco-allemand serait chose faite, entendue, accomplie depuis belles lurettes.

Vraiment, aucun autre problème. Méchant babillage tout le reste.

Et ces antisémites de mots ? non racistes ? qui sont pour moi pire que des Juifs ? Aucune différence à ma toise entre le Maurras et Jean Zay ! Péguy de même, si vous voulez ! si calotin, si dreyfusard, consacré bientôt saint Péguy, prôné par monseigneur Lévy !

Aux heures décisives, tout ce monde s'accorde parfaitement pour nous dépêcher à la pipe ! et toujours pour le compte des Juifs ! remarquez-le ! pas un pli ! Tous d'accord pour notre massacre ! l'absoute par monseigneur Gerlier, au nom des plus hautes entités : Patrie ! Famille ! Culture !

Verdun ! et le doux Jésus et turlutontaine !

L'essentiel du fin du fin, le tréfonds de toutes ces malices, c'est que disparaissent les Aryens ! point d'autre astuce ! Cette rage monte du fond des glandes, irrésistible, des épididymes métissés.

Nous n'avons pas encore tout vu !

Un seul souci, toute cette ordure, toute cette chiennerie bâtarde, cette canaille en délire : que se ruent, désertent bientôt, les noirs, les asiates, nos égorgeurs prédestinés.

Il n'est de jour, d'heure, de nuit, où ne s'adressent mille suppliques, mille vœux à nos assassins, prières excédées, âmes à bout...

Vous n'entendez rien ?

Aryens, notre sort est jeté, je le crains bien fort. Nous n'avons pas su nous unir, nous ne nous aimons pas du tout.

Tant, pis ! Vogue la galère !

L'heure est aux requins ! Que la Mort pavoise ! Nous n'y sommes pour rien !

Congratulons-nous, innocents et désolés.

Nous sommes venus un peu trop tôt pour être nègres voilà tout !

Au moment où tout pâme swing !

Nous périrons en refusant ! Voici, ami, mon dernier mot !

Puisse votre victoire à l'Est bouleverser le cours des choses !

Je voudrais en fin me tromper ! Mourir dans l'erreur !

Toujours bien poli, cependant ! Jamais un mot qui dépasse ! Et votre bien affectueusement, borné, buté.

Serviteur !

Louis-Ferdinand Céline

***

N.D.L.R. — Céline, après publication de cette lettre dans « L'Émancipation Nationale », avait proteste violemment pour la suppression de la phrase suivante :

« L'Église, notre grande métisseuse, la maquerelle criminelle en chef, l'antiraciste par excellence. »

« Révolution Nationale »

5 avril 1942

Mon cher Combelle,

Un tout petit mot seulement (que vous pouvez imprimer) pour observer et noter que les généraux de l'armée française vaincue, s'expriment avec une franchise, une férocité sur le compte des soldats de 40 qui me relèguent, avec mes *Beaux Draps* au rang des commentateurs badins, des petits hurluberlus.

Ces officiers généraux, auxquels nul ne saurait refuser clairvoyance patriotique et compétence éprouvée, nous dépeignent, pour la plupart, tenue et moral de leurs troupes sous les couleurs les plus merdeuses.

Ces déclarations ne sont point chuchotées, elles sont clamées pour l'univers, au prétoire de Riom, au déballage du procès le plus douloureux de notre histoire.

Elles sonnent en vérité le glas de la mère patrie.

Jamais publicité de catastrophe nationale ne fut si rigoureusement, implacablement, organisée, mieux réussie, vraiment un triomphe.

La guerre fut peut-être bouzillée, saligotée par quelques jean-foutres, mais la démonstration légale de notre complète, totale, irrécusable dégueulasserie se révèle parfaite en tout point. Et je m'y connais. Les pires ennemis de la France n'ont jamais rêvé être mieux servis. Nous en reparlerons.

Et là quelque chose me chiffonne !

Voyons-nous, en ce moment même, si délicat, sûreté générale, Beaux-Arts, si prompts à mes trousses, la Guerre, l'Intérieur, si facilement révoltés, monseigneur Gerlier, la Légion, la Présidence, le moindrement s'émouvoir ?

Cette bonne blague ! Au vrai patriote cependant, comme cette attitude est suspecte ! Que l'on me pardonne. Complices ? Peut-être... Réfléchissez... Pourquoi vient-on m'inquiéter ? Moi, chétif infime ! Pour quelques bouffons propos ? Sabrer mes malheureux livres ? « Injures à l'armée ? »

Lorsque vingt généraux superbes s'avancent à la barre du monde pour en clamer cent fois autant ? On me brûle trois mille exemplaires ? Sophie ! À grands déplacements de gendarmes ! Saisies, grondement de commissaires ! Salades !

Vous n'y êtes pas du tout ! On ne me reproche rien au fond que d'exister. Alibis, tout ce tremblement ! L'armée ? Et comment que l'on s'en fout ! Et de son honneur ! Et de son moral ! Pourris prétextes ! Vous allez voir un petit peu, pendant les six mois à venir, ce qu'on va faire déguster à l'armée jolie ! Ce qu'il en restera aux prunes ! Et la doulce France donc avec ! Vous m'en direz des nouvelles ! Auscultez un peu les astres ! Aux Aryens, tout est mystère. Mais la dernière petite youtre du dernier petit flic maçon sait parfaitement à quoi s'en tenir sur le pourquoi-comment des choses, pourquoi l'on tracasse les *Beaux Draps*, pourquoi Vichy tique, pourquoi l'on se gratte, pourquoi l'on attend, pourquoi l'on pleure, pourquoi l'on rit...

Je le sais, moi, très bien aussi. Et ce n'est pas drôle tous les jours. Aussi d'habitude je me tais, je ne veux pas attrister personne, mais comme aujourd'hui c'est dimanche, que les gens jouent sous mes fenêtres, aux boules, avec de petits bruits, que les enfants crient dans la rue, que le printemps fait tout sortir, monter au cimetière les familles, je vous livre ma petite idée à son prix tout juste, cher Combelle, en toute amitié, modestie, et bien sincèrement.

Chose promise, chose due !

Louis-Ferdinand Céline

« l'Appel »

9 avril 1942

Lettre à Pierre Costantini

Pour ne rien vous cacher, toute cette histoire juive en France, me dégoûte énormément.

Avec Vallat, sans Vallat, avec Darquier, sans Darquier, avec la Ridouille ou Totoche, dans la France entière juive, corps et âme comme nous la trouvons, le résultat de toutes ces mesures sera fatalement le même : grimaces.

S'il s'agit uniment de nommer d'autres agités, d'autres narcisses, d'autres brouillons, allez-y. Quelle importance ! On ne devrait déjà plus parler de la question juive ! C'est la question aryenne qui se pose !

Antisémite veut dire méchant et dégoûté. C'est Aryen d'honneur que je voudrais être.

Pour moi, simple et buté, une seule question se pose : qui détient en définitive, le pouvoir en France ?

Dache ou le maréchal Pétain ?

Je paie mes impôts au fisc français, je suis surveillé par la police française, c'est la Compagnie du Gaz français qui me file mes amendes, je crève en francs français, je suis mutilé 75 % par la victoire française, pas d'équivoques !

L'on me signifie assez bien, en tous lieux, que le national-socialisme n'est pas d'exportation, que les lois de Nuremberg pour races nordiques n'ont aucune raison d'être en France. La France demeure donc juive.

Encore, il y a peu de jours, Maurice Donnay, dans *Aujourd'hui*, consacrait tout un article à la gloire de Charles Cros, qui parlait couramment l'hébreu, au teint olivâtre, à la tignasse noire, hérissée, crépue.

Je refuse d'être le pitre d'une nouvelle aventure.

J'ai suffisamment amusé le tapis. J'ai tout dit, je pense.

Action ? Quelle action ? Le maréchal Pétain, notre chef, est-il raciste, Aryen ? Tout est là. Je me fous des employés, je ne parle qu'au patron. La Légion est entièrement juive, comme le reste. Balloté de-ci et de-là. Refusé par tous au fond, chien perdu, on s'est assez foutu de moi. Vais-je encore présider une

« Ligue d'impuissance » ?
Pour le plaisir d'être sifflé ?...
La comédie me fatigue.
Place aux innocents !...

Louis-Ferdinand Céline

« L'Appel »

23 avril 1942

Après l'intervention du petit-fils de Charles Cros, je m'en tiens aux termes de ma lettre. C'est à Maurice Donnay et au journal *Aujourd'hui* qu'il faut demander des explications. L'article de *L'Appel* est équivoque. J'ai reproduit strictement les commentaires de Maurice Donnay sur Charles Cros. Un point, c'est tout. Que nous annonce et que veut nous faire comprendre Maurice Donnay ?

1 ° Que Charles Cros avait du génie.

2° Qu'il était crépu, noiraud, etc., et qu'il se passionnait, dès l'âge de 14 ans, pour l'hébreu. Et alors ? Et la suite ? Conclusions ?

C'est à *Aujourd'hui* et à Maurice Donnay qu'il appartient de les formuler, de ne plus tortiller, de se prononcer, noir sur blanc. *Pas à moi !* Nous sommes devenus, figurez-vous, aussi ficelles que les Juifs (ni *Aujourd'hui*, ni Maurice Donnay ne sont Juifs, bien entendu). Je voudrais cependant, pendant que nous y sommes, savoir s'ils prennent parti formellement pour les Lois de Nuremberg.

Louis-Ferdinand Céline

« Le Réveil du Peuple »

1ᵉʳ mai 1942

Mon cher Jean Drault

Je me suis jeté sur votre ouvrage, vous le pensez bien, et j'ai lu tout d'un trait. La synthèse en est magnifique, la plume de maître, le fond admirable. Votre ouvrage devrait être au programme des écoles, obligatoire.

Les Droits et les Devoirs de l'Aryen, tout y est.

Peut-être vous trouverai-je encore bien indulgent pour la chrétienté que je mets sur le même plan que la juiverie, tel est mon extrémisme. Mais ce n'est que mon opinion. Votre livre est une Somme. Et bien affectueusement.

Louis-Ferdinand Céline

N.D.L.R. — Le livre de Jean Drault est *L'histoire de l'Antisémitisme*, éditions C.L. (ex Calmann-Lévy).

« Au Pilori »

10 septembre 1942

Cher Lestandi,

Vous me demandez pourquoi je n'écris plus ? Vous êtes bien aimable. Ma réponse est simple. Ce qui est écrit est écrit.

Jamais de redites. Ce qu'il faut écrire, rien de plus, au juste moment. Le moment passé, le danger passé, place aux commerçants ! Aux chiens et aux moutons ! Aux vendeurs de tout ! Aux bêleurs en tout ! Il faut de tout pour faire un monde ! …

Il faut quelques écrivains, et puis il faut des négociants, et puis quantité de chiens, et encore plus de moutons. Que la troupaille aboye et bêle ! Il faut des diffamateurs, des bourriques, des innommables. J'en ai toujours, pour ma part, une bonne meute au cul. Que ce soit sous Blum, Daladier, Monseigneur Zazou ou Laval, leur nombre est à peu près constant. Si je devais leur botter le derrière, je marcherais nu-pieds depuis toujours. Chétifs, chafoins, cafouilleux, je les vois débuter, partir, et puis prospérer, resplendir, l'écuelle aidant, pontifier. Ainsi va la vie.

J'en ai connu d'extraordinaires, le Juif Sampaix parmi tant d'autres, diabolique d'astuce. Il me réclamait au poteau chaque matin (dessin par Cabrol), sur quatre colonnes dans *L'Humanité* (un million de lecteurs). Il m'avait vu, de ses yeux vu, porter cher Bailby (!) bras-dessus, bras-dessous avec Darquier, mon plan détaillé de révolution nazie pour la banlieue parisienne. Une paille !

Ceci se passait sous Mandel. Je sortais de correctionnelle.

Il citait même, pour l'affolement de ses lecteurs, des passages entiers de ce document pépère. Quel texte ! à faire fusiller tous les « rapprochistes » d'Europe pendant trois, quatre siècles à venir. Comme il est normal lorsqu'on se paye de tant d'audace, que l'on chatouille de tels destins (tous les Celtes me comprendront), ce Sampaix devait mal finir, — même la juiverie a ses limites, — ce Sampaix finit fusillé.

Je me comprends.

J'encourage toujours la diffamation, je l'aime. C'est ainsi que se confectionnent, je trouve, tout à fait spontanément, les plus solides poteaux et les plus courtes cordes.

Il est un petit clan actuel, il grossira, l'écuelle copieuse, qui me veut soudain devenu anti-allemand et le va chuchoter partout, et pour mieux m'accabler encore anarchiste.

« *Anarchiste* » est un bon poignard, toujours facile à placer.

Le mot suffit, il enfonce. Revanche des larbins. Lâcheté, sueur froide, pétante de tickets, et faux !

Céline n'est pas « constructif ». Constructif avec quoi ? Avec ces cacas ? Pensez-donc ! Vive ce petit clan ! Il me botte ! Tout fait charogne dans cette racaille ! Juifs, antisémites, vieux Maçons, indicateurs de partout, jeunes ratés, soupirants du Front popu, camouflés de tout, marchands d'étiquettes...

Ah ! me supprimer ! Quel rêve ! Place nette ! Pensez donc, un tel témoin ! Les rats dansent d'avance ! Quelle volupté ! Un buveur d'eau ! La mémoire elle-même ! Le Commandeur ! la Statue ! Depuis 36 que l'on me cherche ! M'aurait-on trouvé ?

Ah ! pas encore, chers crapauds ! J'ai pris à tous vos poids, sous Blum ! Hardi, mignons ! Et sous Patenôtre ! Et sous Prouvost ! Ma collection est complète ! Allez-y, petits ! Chargez ! Du cran ! Je vous pèserai tous encore ! Dans votre petite boîte ! Au petit jour pas très lointain.

Je vous trouve encore un peu maigres.

Ah ! les beaux temps de Kérillis ! Quels mauvais conseils l'emportèrent ? J'y songe ! Quelle situation serait sienne en ce moment ? Quel « collaborateur » maison ! Quelles relations européennes ! Quel Européen !

Je connais des « Européens » qui ne lui vont pas à la cheville pour l'invention et la fripouille, même des ex-membres de la L.I.C.A., même des francs-maquereaux de toujours (je possède la liste.) Demain, je les vois tous racistes ; ils le sont déjà, les mêmes. Racistes avec qui ? Mais avec les Juifs, parbleu ! Camouflés à peine, d'une nouvelle teinte, *l'aryano-juive*. La grande trouvaille, l'inédite !

Nouveau conformisme, nouveaux chiens. Antisémitisme d'État à 90 % youtre, bienséant, conforme, mesuré. Le conformisme mène à tout, et puis au retour de Lecache.

Lecache l'Attendu, puis Blum. J'en connais qui tiennent le pavé, magnifiquement adulés, collaborateurs officiels, quasi-dieux, et qui furent, à quelques saisons, pistoléros à Barcelone, idoles dansantes aux massacres !

Rien n'est impossible !

« Tel » vieux clown nous inflige une Histoire de France, maçonne et sémite, j'imagine. Pourrait-il faire mieux ? Grand ami de Bernard Lecache, grand protecteur du Tout — Métèque, grand conférencier en Loge, membre d'honneur de la L.I.C.A. ? Il s'agit bien, assurément, d'un tribut d'hommage, au terme d'une fameuse carrière. Trois batteries pour la galipette ! la mystique est en bonne voie ! Déjà, toute la presse jubile, exulte, frétille de volupté ! « Tel » se croise ! France est sauvée ! J'attends que son œuvre figure au programme de toutes les écoles, avec commentaires de Reynaud.

Tout se voit, cher Lestandi, sauf le temps remonter son cours. Il se fait tard à ma pendule. Il est permis à l'honnête homme de perdre dix minutes, aux chiens, pas davantage.

Distraction.

N'est-ce point déjà gaspillage, 720 battements de cœur, et de cœur loyal, perdus à l'étrille, à la verge, de ce quarteron de puants, gratteux pustuleux à susuque ?

Allons, Lestandi ! À la pêche !

Je ne me gêne pas avec vous.

Je ne me gêne avec personne.

D'ailleurs, je peux me permettre certaines libertés. J'ai payé ce droit fort cher, en temps opportun, à la 12° Chambre.

Nous sommes assez peu dans ce cas.

« Collaborateur » ardent, certes, mais libre, absolument LIBRE, et non salarié de la chose, je suis chatouilleux sur ce point.

Tenant, Dieu merci, d'une race qui donne et ne reçoit jamais. Telle est ma loi, et je n'observe que la mienne.

L'anarchie, toujours.

On me fait volontiers grief de bouder les assemblées... Je n'y rencontre que des Juifs... On m'y trouve mal habillé...

N'est-ce pas, Monsieur Ménard ?

Je boude, paraît-il, la Légion...

Merde ! N'étais-je point tout le premier à la réclamer sous Blum ?

Et le mariage franco-allemand ? Et l'armée franco-allemande ? À l'écrire, à le hurler pour 100 000 lecteurs ? Et le président de la 12° ? (qui m'en dit ce qu'il en pensait).

Combien de ces rutilants membres du fameux Comité d'honneur peuvent en dire autant ? Une thune !

Vais-je me rabâcher ? Suis-je à ce point gâteux pour écrire sous moi ? Au surplus, à parler tout net, recruter n'est point mon fait.

On y va ou on n'y va pas... La vaillance ne se prêche pas, elle se montre et se démontre par le sacrifice personnel. Ni plus ni moins.

L'horreur des paroles héroïques ! Si l'on possède un alibi, quelque varice, est-ce là très valable raison pour pétuler de la trompette entre chambrière et tilleul ?

Et si l'on gambille, juvénile, fredain du jarret, dépêcher les autres à la pipe, est-ce gaulois ?

Je me le demande.

La viande d'autrui, quelle vilaine dette !...

Décence ! un 75 % vous parle, sait ce qu'il dit. Nous, qui avons connu Barrès, Viviani, Poincaré, Cherfils et, plus tard, Gallus ! Bidou ! Quels souvenirs ! Quels laids fantômes ! Dieu me garde de les rejoindre !

Ah ! qu'il est donc difficile de faire apprécier la pudeur, par les temps qui courent, où l'Obscénité tient bazar, où tout l'Olympe racole au Cirque !

Byzance, ami ! Byzance !

Nous méritons Timochenko et ses hordes kirghises !

Occasion perdue !

Qui donc nous opérera ? De quelle technique ? Quelle incision ? L'Avenir est tout opératoire.

Tout ceci, d'ailleurs, est écrit. Nous sommes parvenus au *Verseau* tout récemment. Nous allons changer de régime pour au moins deux mille bonnes années.

Bouleversement de fond en comble dans les mœurs et dans les États. Nous allons changer de tout ! Et de religion !

Voyer que je suis averti ! Partez tranquillement à la pêche. J'irai peut-être vous y rejoindre.

Ami, notre saison s'avance !

Nous entrons dans un autre monde demi-morts déjà, si j'ose dire, de fatigue.

Caron nous doit un petit coin.

Une friture du Styx !

Non, je ne serai jamais triste, mort ou vivant.

L'âme légère, je vous salue !

Louis-Ferdinand Céline

« Au Pilori »

7 janvier 1943

Mon cher Directeur,

C'est le cafouillage qui fait la force de l'ennemi !

Le Juif est précis ! Quel programme ? Soviet partout. Et chez nous ? Rhétorique !

Que ne prend-on ce peuple français tel qu'il est ? Extrêmement bas tombé ? Que va-t-on l'abrutir davantage ?

L'embêter à mort avec tous ces vaseux programmes, ces gargouillis casuistiques auxquels il ne peut rien comprendre ?

L'action ? On réclame de l'action ? Soit ! Immédiate ! et simple ! Élémentaire !

1° Doubler les quantités des cartes d'alimentation dans toutes les agglomérations au-dessus de 1 000 habitants.

Boniments insultants que toutes ces histoires « d'Europe Nouvelle » pour des êtres que l'on condamne à vivre avec

1200 calories par jour ! alors que le minimum physiologique s'établit à 2400 colories.

De qui se fout-on grossièrement ?

Du faible et du pauvre.

Burlesque ! Criminelle ! Hypocrite famine administrativement organisée ! Comédie sans nom ! Des vivres ? Les campagnes en regorgent. Jamais les paysans n'ont été aussi riches (tous millionnaires), et n'ont tant bouffé !

Sanctions : les kolkhozes tout de suite si le blé, le beurre, les viandes ne sont pas livrés en quantités suffisantes.

Justice bourgeoise, tartufe qui s'attaque au marché noir pour rire et condamne le pauvre en carte à crever de faim !

2° Ordre de mesures immédiates.

Pour tous : l'assurance chômage, l'assurance maladie, (tiers-payant), la loi Loucheur, beaucoup plus généreuse, obligatoire.

Résultat : vous n'entendrez plus jamais parler du communisme.

3° Pour le moral.

Suppression immédiate des appareils de T.S.F. Les Français sont malades de la tête. Ils sont vicieux de négativisme. Ils iront toujours vers la diffamation, éperdument vers l'encouragement au sabotage, à la vacherie, vers l'alibi d'égoïsme. La B.B.C. est le poison français actuel, mais je suis assuré que les Français d'Alger n'écoutent plus que Radio-Vichy !

Suppression de la radio : Hygiène mentale.

Loin d'avoir peur de la B.B.C., je publierais au contraire un journal reproduisant *in extenso* toutes les émissions de Londres, Boston, Moscou, etc.... mais avec les réponses du tac au tac. Ainsi tous les poisons et leurs antidotes en même temps, aucune dérobade, aucune tricherie, mais parlant toujours aux Français le dernier, j'aurais toujours raison.

Plus tard, après amélioration de l'état mental et physique de la France et des Français, j'aborderais les hauts sujets... race... Europe... etc.... mais dans l'état actuel d'hystérie haineuse totale, quel temps perdu ! Quelle huile imbécile sur le feu !

Veut-on le *relèvement* de la France comme on a voulu la *sauvegarde* de l'Algérie ? Du même entrain ?

J'en ai grand peur !

En toute amitié.

Louis-Ferdinand Cétane

« Révolution Nationale »

20 février 1943

Mon cher Combelle,

Voici revenir Proust. Grand Sujet ! Fernandez publie sur lui un livre. Brasillach, un magnifique article ou il le consacre, à peu près, le plus grand romancier *pur* de notre littérature.

N'en jetez plus ! Les organisateurs de l'Exposition 37 ont précédé Brasillach et Fernandez dans cette opinion. Ils ont su placer Proust sur le même plan que Balzac : même importance, même gloire, même mérite. Je veux bien. Mais je suis assuré qu'à la prochaine Exposition 37 par les mêmes organisateurs, Balzac sera relégué, cette fois au dixième plan et Proust, et Bergson, et Marx seuls en tout premier ordre, incontestés, incomparables. Sans rival désormais. Nous avons assisté en 37 à une répétition d'apothéose, une préparation de l'opinion lettrée… Les jeux sont faits. Il est beaucoup ergoté autour de Proust. Ce style ?... Cette bizarre construction ?... D'où ? qui ? que ? quoi ?

Oh ! c'est très simple ! *Talmudique*. Le Talmud est à peu près bâti, conçu, comme les romans de Proust, tortueux, arabescoïde, mosaïque désordonnée. Le genre sans queue ni tête. Par quel bout les prendre ? Mais au fond infiniment tendancieux, passionnément, obstinément. Du travail de chenille. Cela passe, revient, retourne, repart, n'oublie rien, incohérent en apparence, pour nous qui ne sommes pas Juifs, mais de « style » pour les initiés ! La chenille laisse ainsi derrière elle, tel Proust, une sorte de tulle, de vernis, irisé, impeccable, capte, étouffe, réduit tout ce qu'elle touche et bave, rose ou étron. Poésie proustienne. Quant au fond de l'œuvre proustienne : conforme au style, aux origines, au sémitisme : désignation, enrobage des élites pourries nobiliaires mondaines, inverties, etc., en vue de leur massacre.

Épurations. La chenille passe dessus, bave, les irise. Le tank et les mitraillettes font le reste. Proust a accompli sa tâche, talmudique.

Vous me pensez obsédé ? Mon dieu, non ! Le moins du monde !

Vive Proust ! Vive le Talmud ! Si vous voulez ! Ils ne sont pas indifférents. Loin de là. Je suis prêt à reconnaître le génie talmudique. Cent mille preuves, hélas !

La dissimulation, la supercherie, seules, me blessent.

Notons encore que Proust sauve, tente de sauver, sa propre famille des massacres spirituels qu'il réclame et pratique pour nous ! D'où toute cette tendresse, cet apitoiement sur la grand-mère, fort bien venu d'ailleurs, j'en conviens, réussi, et dont tous les critiques aryens à juste titre s'émerveillent.

Vous me voyez un peu prévenu.

S'il vivait encore, de quel côté serait Proust ?

Je vous le laisse à penser.

La chute de Stalingrad ne lui ferait certainement aucune peine.

Et bien amicalement à vous.

Louis-Ferdinand Céline

« Je Suis Partout »

9 juillet 1943

Une classe privilégiée n'a plus d'utilité, ni de sens, ni de vie lorsqu'elle n'est plus capable de fournir les cadres à l'armée.

C'est le critère, le seul.

Elle justifie ses privilèges en fournissant à la guerre les officiers. Du moment où elle n'est plus capable de remplir ce rôle, si elle ne fait plus ni enfants, ni officiers, elle n'est plus que parasitaire et donc désastreuse. Le désastre 40 est dû à la juiverie, à la dénatalité et à la fuite des officiers. Notre bourgeoisie ne veut plus rien donner et veut tout prendre. Elle ne veut plus que des bénéfices. Elle est devenue juive. Elle ne pense plus qu'en or, elle louche dollars une fois pour toutes.

Karl Marx, qu'il faut relire, Juif beaucoup plus précis et instructif que Montaigne, écrit précisément : « Les Juifs s'émancipent dans la mesure où les chrétiens deviennent juifs. »

En France, les Juifs sont parfaitement émancipés et les chrétiens sont devenus parfaitement juifs. Nous avons connu en 14-18 les derniers bourgeois braves qui défendaient les coffres-forts avec leur peau personnelle. Les officiers bourgeois n'emportaient pas encore leur armoire à glace en retraite. En 39, la bourgeoisie était devenue si juive, les cadres de l'armée si jouisseurs, si mous que la guerre lui parut tout de suite insupportable. Défaillance totale. On ne trouva plus la bourgeoisie devant ses coffres-forts mais derrière ceux-ci.

Toute la différence entre 14 et 39 se trouve là.

Le rapprochement par les bourgeois était encore possible en 14. Il ne l'est plus en 43, parce que la bourgeoisie finie, aveulie, couarde, n'a plus de rôle national à jouer (ni international), elle s'est discréditée une fois pour toutes dans la guerre. Elle a fait la preuve de sa mort. Elle contaminera tous ceux qui voudront l'épouser.

Louis-Ferdinand Céline

« Je Suis Partout »

29 octobre 1943

Vous n'êtes pas frappés par le fait que la radio anglo-juive, qui nous voue tous à je ne sais combien de morts parce que « collaborateurs », antisémites, et patati et patata, ne parle jamais de fusiller tous ceux qui ont profité des Allemands directement ou par ristournes ? Ils sont légion, pourtant, nom de Dieu ! Et opulents, et formidables ! Je n'ai jamais, personnellement, touché un fifrelin de l'occupation, mais le pays français, dans sa majorité, n'a jamais imaginé, n'a jamais connu d'affaire aussi brillante que la guerre 39-40 !... Paysans, commerçants, industriels, intermédiaires, marché noir pètent de prospérité. Presque tous les paysans sont riches. Damnés de la glèbe avant 39, ils vont tous sur leur deuxième million !

Insolents et gaullistes, où sont leurs terribles souffrances en tout ceci ? Tartuferies atroces ! Voici les gens à fusiller ! Pour immonde hypocrisie ! Par salubrité morale ! Ils ont tous, — et comment ! — avalé, supplié, rampé, pourléché les bénéfices infâmes, à 1 000 %, et fait crever gaillardement de faim leurs compatriotes moins bien placés (gaullistes y compris !), voyez grandes villes ! La France, en tout ceci ? Quelle baliverne ! Quelle vocable ! Quelle sale escroquerie ! Tant plus pourri, prébendier, lèche-cul d'Allemands, gavé au noir, tant plus gaulliste ! La simagrée morale du rachat ! Quelle chiure !

La guerre 14 avait été une affaire superbe pour cinq ou six millions de Français. La guerre 39 est une affaire mirifique pour trente millions de Français. Dix millions sont *victimes* à plaindre, pas davantage ! les autres ne sont que grimaciers, égoïstes, cabotins et putains. Ils jouent la résistance mais pleurent intimement pour que la guerre dure ! Cette bonne blague !

Listes ? Listes ? À quand la liste intégrale et nominative de tous ceux qui ont gagné quelque chose avec les Allemands ? La voilà, la vraie liste des collaborateurs efficients. Pas 123 idéalistes et spéculateurs en pensées gratuites. Qu'on nous foute la paix avec les traîtres.

TRAITRES alors, D'ABORD, tout ceux qui ont gagné UN CENTIME avec les Allemands !

L'indemnité de guerre monte, je pense, à 500 millions par jour. Ils passent quelque part, dans quelles poches, ces 500 millions. Les noms ! les noms ! qu'on rigole, nom de Dieu ! avant de mourir ! Je voudrais leur mettre le nez dans leur merde, à ces vertueux du gros patriotisme ! Je ne vois aucun journal, aucune radio s'en occuper. Je comprends la discrétion de la B.B.C. Elle sait parfaitement que ces merdeux forment la majorité de ses écouteurs. Je comprends moins bien la discrétion des journaux parisiens. Que redoutent-ils ? Ont-ils encore quelque chose à perdre ?

Les collaborateurs sont-ils donc si navrés, si timides ? Tiennent-ils, envers et contre tout, à mourir très sublimement ?

C'est-à-dire comme des cons et des veaux, assassinés, bâillonnés, sans même avoir osé cracher à la gueule de leurs assassins la seule vérité qui nous venge, toute leur sale imposture, toute leur jactance obscène, leur sermonage pourri !

Louis-Ferdinand Céline

« Le Goéland »

Février 1944

(Au poète breton Théophile Briant)

Saint-Malo

Le quatrième an d'Apocalypse.

Mon cher Théo !

Puisque les poètes ont retrouvé leur Duc, Briant-le-Prodigieux, et leur patrie Goélane aux marches de l'Atlantide, permets que je m'inquiète des archives sauvées...

Depuis des ans déjà, j'erre, je quière et je fouille et ne laisse de jour et de nuit à mander... Les Légendes et Le Braz et la Mort où sont-ils ?... Puis-je les obtenir au prix d'or et de sang ?

L'écho est muet, Théo ! Les libraires sont hostiles, Le Braz est inconnu, les vélins hors de cours, les héritiers atroces, l'éditeur sous les flots... Le temps, la mer, le vent, les protêts, leurs sorcières, la horde des malheurs, la fatigue et la honte ont englouti nos rires, nos tendresses et nos chants et Le Braz et sa lyre... et le moindre feuillet du plus celtique message.

Rien n'est à retrouver... C'est le complot aux ombres et le maudit en rage aux bribes de nos âmes !...

Au secours, Théophile, les Légendes se meurent ! mieux qu'Artus sommeillent et ne reparleront plus ! Au combat Gwenchlann barde aux larmes de feu ! Accours et tes crapauds ! Les charniers sont ouverts ! au trépas de vingt siècles les bourreaux roulent et cuvent ! mufles et goinfres au massacre chancellent sous les armes ! Bientôt le moment rouge et la foudre du monde !

Saccage !

Aux dédains et l'oubli vengeance du Poème !

À toi.

Louis-Ferdinand Céline

« Je Suis Partout »

11 février 1944

En douce, les Juifs doivent bien se marrer de lire les nécrologies de Giraudoux ! Façon de leur lécher le cul par la bande ! On se comprend... au nom des belles-lettres... de la pensée française et patati ! La brosse ! Jean-foutres ! Supposer que je crève ou qu'on me crève, je voudrais voir les ISVESTIA me filer des nécrologies ! Ah ! minute ! On regrette tous les jours d'être aryen...

Louis-Ferdinand Céline

« Je Suis Partout »

3 mars 1944

Vit-on jamais plus d'étrangers sur une seule liste ? Même aux plus beaux jours de Blum ? Elle est faite la Révolution nationale ! Que deviennent les danseurs français et françaises dans cette affaire ? Ils sont foutus à la porte, évincés, dégueulés hors de chez eux ! Pardi ! Maisons de la Culture ! Néo-mai 36 ! Cette parfaite technique ! Le comité d'occupations ! On s'est trompé ! Ce n'est pas un Ordre pour la France mais pour la République d'Arabjdjan-outre-Oural !

Faites-vous crever, miliciens, légionnaires, somnambules.

On s'occupe pour vous de l'âme française, vous êtes trop pris par les grandes choses...

Et ce sont les petites choses qui comptent. La danse ce n'est pas sérieux mais cela prépare bien tout de même la France de demain.

Demain, qui n'est pas né à Melitopol, Kombitchev ou Varna ne pourra plus danser en France officiellement, après-demain, pour les mêmes raisons, entrer à l'Université, et puis pratiquer le droit ou la médecine.

C'est ainsi que vont, vont, vont les petits ratons, tout menus d'abord.

Aussi, peu de Français dans cette *Ordre* de la danse, remarquez que dans n'importe quel comité de dérailleurs...

Coïncidence, évidemment. Danse et Terreur !

Sommes-nous déjà outre-Oural ?

En médecine, les petits signes sont les plus précieux, clinicien établit sur eux son diagnostic...

Faites-vous crever, miliciens, légionnaires, somnambules...

Louis-Ferdinand Céline

« Germinal »

28 avril 1944

Cher Ami

Je trouve votre papier fort bon, et rien à redire.

Peut-être un petit mot de plus sur la gigantesque tartuferie actuelle de la *Résistance* ! alors que jamais la France n'a été si riche, si cupide, si gavée de bénéfices de guerre, proprement commerce avec l'ennemi !

On fusillait pour beaucoup moins de 1914 à 1918.

La jean-foutrerie française atteint, je pense, en ce moment son summum historique. Les gens de Londres et d'Alger parlent d'une France théorique « Dernières cartouches », à la « Buzenval » ! alors que les trois quarts de cette nation nagent du fait de la guerre dans une bombance inespérée, crèvent de bénéfices ! Ils n'aspirent à la délivrance que pour convertir leurs bénéfices de guerre en dollars.

Souffrance peau de lapin, abominable jérémiade. Évidence de la pourriture de l'âme de cette nation devenue si sournoise et si vile, qui ne peut être récurée que par le grand moyen chirurgical :

L'ABLATION DU CAPITAL INDIVIDUEL.

À vous bien cordialement.

Louis-Ferdinand Céline

« La Gerbe »

22 juin 1944

Je donnerais volontiers aux flammes toutes les cathédrales du monde si cela pouvait apaiser la fête et faire signer la paix demain. Deux mille années de prières inutiles, je trouve que c'est beaucoup.

Un peu d'action !

Demain l'on fera sans doute une architecture en trous !

Pas de flèches ! Les leçons de la guerre auront porté. Par terreur des bombes, nos descendants vivront sans doute dans le Tous à l'égout.

Ainsi soit-il !

Louis-Ferdinand Céline

« Lettre de Céline à Jean Cocteau »

Date précise inconnue

Mon cher Confrère

Je n'ai jamais été mêlé de près ou de loin à cette affaire des « Parents Terribles ». Affaire que je n'aimais pas beaucoup dès le début parce que les cabales moralisatrices me dégoûtent en principe. Je l'ai écrit à Laubreaux, textuellement. Mais d'autre part vous connaissez ma Position (raciale si j'ose dire).

Et s'il s'agit de racisme, alors je suis contre le Juif ou n'importe qui aveuglément. Raison de Race surpasse chez moi Raison d'Art ou Raison d'Amitié. Êtes-vous mon cher Cocteau antisémite ? tout est là. Si vous l'êtes nom de Dieu, hurlez-le et cela se saura. Pas qu'un petit peu. Mais *Raciste aryen* tout comme les Juifs sont avant tout à travers les balivernes d'art, avant tout racistes militants juifs écraseurs et détrousseurs et tyrans d'Aryens (viande de bétail). Je suis, vous le savez un *élémentaire*. Je refuse de m'engager dans les arabesques et les distinguos (juifs), les pièges dialectiques juifs. Je parle en condamné à mort. Êtes-vous avec ou contre ceux qui vont me pendre ? Êtes-vous d'avis que les Juifs sont responsables de la guerre et de l'état dans lequel nous nous trouvons ? Ceci est plus grave qu'une manifestation d'art, ceci nous intéresse aussi éternellement. Je hais les tièdes : « Je ne fais pas de politique ». La belle histoire ? le puissant alibi ! Tout est politique ! Êtes-vous ami de Lecache ? Alors vous ne pouvez être le mien cher Cocteau.

J'écrivais à Laubreaux. Cocteau décadent ? Tant pis. Cocteau licaïste : Liquidé !

Il faut vous mettre à ma place cher Cocteau. Les Juifs ne font pas joujou avec moi. « They mean business ». L'affaire Bernstein est sur un autre plan. Elle ne touche pas le fond, le choix.

Qui vive ? Cocteau. Qui vive ? Le fanatisme juif est total et nous condamne à une mort d'espèce atroce, personnellement et poétiquement totale.

Que lui opposez-vous Cocteau à ce fanatisme juif ? À cette entreprise de toutes les minutes et sur tous les plans ?

Pourvu que vos intérêts et votre renommée ne souffrent pas. Exactement rien. Comme tous, hélas, tous !

Souffrez Cocteau que je refuse d'examiner les choses avec la même diversité que vous, la même élégance.

Adhérez, créez cher Poète un mythe aryen ! Voilà ce que l'on vous demande et merde pour les parents terribles et leurs enfants, et toutes les familles ! Ne perdez pas une minute ! Et tout sera dit.

Louis-Ferdinand Céline

Préface

de *Bezons à travers les âges* d'Albert Serouille, ouvrage publié chez Denoël en 1944.

Pauvre banlieue parisienne, paillasson devant la ville où chacun s'essuie les pieds, crache un bon coup, passe, qui songe à elle ? Personne. Abrutie d'usines, gavée d'épandages, dépecée, en loques, ce n'est plus qu'une terre sans âme, un camp de travail maudit, où le sourire est inutile, la peine perdue, terne la souffrance. Paris « le cœur de la France », quelle chanson ! quelle publicité ! La banlieue tout autour qui crève ! Calvaire à plat permanent, de faim, de travail, et sous bombes, qui s'en soucie ? Personne, bien sûr. Elle est vilaine et voilà tout. Les dernières années n'ont pas arrangé les choses. On s'en doute. Banlieue de hargne toujours vaguement mijotante d'une espèce de révolution que personne ne pousse ni n'achève, malade à mourir toujours et ne mourant pas. Il fallait une plume ardente, le don de vaillance et d'émoi, le talent de haute chronique pour ranimer ces pauvres sites, leurs fantômes, leurs joies évadées, leurs grandeurs, leurs marbres, leurs souffles à méchante haleine.

La banlieue souffre et pas qu'un peu, expie sans foi le crime de rien. Jamais temps ne furent plus vides. Beau poète celui qui s'enchante de Bretagne ! de Corse ! d'Angoumois ! d'Espérides ! La belle affaire ! Chanter Bezons, voici l'épreuve ! Voici le génie généreux. Attraper le plus rebutant, le plus méprisé, le plus rêche et nous le rendre aimable, attachant, grandiose !

M. Serouille joue ce miracle, il nous fait palpiter Bezons, mieux que poète, sans travestir, sans redonder, tout en probe historique passion. Il nous rend le rythme et la vie, il gagne. Et la vérité !

Un exemple !

L'Alsace-Lorraine ! Que de discours ! que d'encre ! Que de sang ! de défilés ! Un Français sur cent mille sait-il que nous devons l'Alsace-Lorraine au Maréchal Marquis de Bezons ? La France est mufle. En passant. Mille autres traits merveilleux au cours de ce livre à Bezons.

Gloire à son auteur !

Au moment où tout nous guette, où la mort nous tient de mille parts, de faim, de bombes, de lassitude, de haines, le livre de M. Serouille nous vient en divin délassement, il nous donne la clef des champs, la clef des songes si j'ose dire, il nous permet d'imaginer d'avoir encore une Patrie, chez les morts, non une Patrie de formules, quelque drapeau de bazar, raccroc de battage, mais une terre pour nos chagrins, moins froide que les autres, sur deux kilomètres carrés. Peut-on choisir son Katyn ? L'ambition est peut-être immense... Vive donc la mort à Bezons ! Je l'y connais un petit peu. M. Serouille nous l'ornemente. Vive Montjoye et Saint-Denis !

Pas bien loin ! Vive Courbevoie ! ma naissance ! Toute ma patrie, hélas ! est là déjà sous terre ! Je m'intéresse forcément.

Un dernier coup d'œil. Pour être bien en un endroit il faut connaître les fantômes. M. Serouille sait tout cela, il nous guide, il est à son aise dans le Temps, il nous habitue, si j'ose dire. Tout ira bien. L'Histoire est le seuil de la quatrième dimension. Celle de demain. Je voudrais bien que l'on m'enfouisse avec « l'Histoire de Bezons » ; je voudrais bien savoir là-bas ce qu'on pense de M. Serouille ? tout le bien du monde, je suis sûr. Quels scrupules ! Quelle délicatesse ! Tout son ouvrage est d'un poète, malgré tout, bien qu'il s'en défende, le souci, le départ, l'envol, mille traits touchants et d'infini. Non, ce n'est point œuvre banale.

BEZONS dans le dictionnaire ? Deux lignes et maussades… Quelle vilenie ! Quelle saleté ! Mais toute l'Histoire de la France passe par Bezons ! Précisément ! Au plus juste sur le pont de Bezons. Les années de la France sont-elles d'abondance, de prospérité, de bonheur ? La Foire de Bezons bat son plein ! On chasse à Maisons-Laffite, les troupes paradent vers Carrières, ce sont cortèges en éclats, joies et bombances, sur les deux rives tout va bien !

Les années sont-elles funestes ? Les malheurs fondent-ils sur la France ?... Les avant-gardes du désastre campent à Bezons… Le pont saute !... C'est le grand signe !... Allez le voir… On le répare à peine…

Il faudrait à Bezons presque un pont amovible… Dix fois au cours de l'Histoire il saute, ressaute, tantôt en barques, tantôt en chêne, tantôt en pierres, toujours il s'envole !... à tous les coups !... et le fer donc !... Le pont de Bezons ne tient pas... vérité des siècles. J'étais là sur ce parapet en juin 40 ! Quel badaboum ! Salpêtre ! fumées ! Poussières d'Histoire !... Quel dénouement ! Vingt siècles à l'eau !... L'eau de Bezons !... Tous ont passé là... sous le pont... sur le pont... Ô gué ! Goths... Normands... Romains... Anglais... Britons... Cosaques... et la suite !... Conquérants de tout... Demain qui ?... Tout est promis !... Marquis Maréchal de Bezons, que défendez-vous aux lieux sombres ? Vaincrai-je sous votre pavillon moi qui tant perdis en plein jour ? Admirez le portrait d'acier !... J'ai porté moi aussi cuirasse... Ceci nous rapproche !... Quels souvenirs !... France si nous faisions nos comptes !... Plus lourd de blessures que de corps ils n'emporteront pas grand'chose ceux qui me guignent... J'y songe !... Un tas d'embêtements et d'os !... — Comme ils vont se sentir volés ! Comme ils vont encore me maudire !... Sacré pignouf !...

Le Marquis au soleil des morts passant la revue nous aurions du monde !... Vous irez voir son château... Il existe encore (pour combien de mois, de semaines ?...). Napoléon est annoncé, il passe en calèche... et Madame, au pont de Bezons comme les autres... les notables s'avancent... saluent... les Cent Gardes !... Bien avant lui, Henri IV... Ainsi tant le cours du temps... à la remonte de drames en drames... joies si frêles entremêlées... La trame de l'Histoire est atroce !... M. Serouille nous le fait voir, même sur ces quelques ares carrés !... Quelle richesse de tragédie ! Que d'eau passée sous les ponts !

Et puis une chanson de Fête !... Jolie surprise !... M. Serouille nous l'apporte... toute guillerette encore... et puis un écho de la mode des là-bas toutes premières années... tout à l'aurore de notre nom... La France aux limbes... Mérovée sans doute... une fibule... M. Serouille nous la présente... Quel bijou !... nous l'avons en mains, broche de dame... il retenait sur une épaule un voile gracieux à la romaine... tulle au vent... jolie mode « des années Cent » entre Carrières et Argenteuil !...

Toutes les modes finissent au cercueil... Celui-ci fut découvert intact au lieu-dit « Les Mine d'or » sous Bezons vers 1912.

Française des premières années, Madame, nous voici revenus vers vous après quel effrayant parcours ! Vingt siècles à tâtons, quelle fatigue !... Ah ! Madame, quelle aventure !

C'est fini partout, nous dit-on ! Tant mieux, mon Dieu ! Est-ce bien sûr ? Mille ans... mille ans... sont vite passés aux heures du monde ! Encore mille autres... un autre M. Serouille, Chinois sans doute en ce temps-là nous trouvera ensevelis pas loin l'un de l'autre... nous fourrera-t-il dans le même sac ?...

C'est probable ! Ô le destin merveilleux « d'infinir » marié sans façon avec la dame à la fibule !..

Je suis né tout près d'ici à Courbevoie, l'autre coude... Six mille ans de mieux tout s'arrange !... On se retrouve et tout est dit !... L'aventure française !... Ah ! nous vivons des temps moroses. Nos lendemains sont impossibles... Traqués, suppliciés, maudits, dans le passé tout notre cœur ! Soyons jaloux de nos poussières ! M. Serouille nous les présente dans un chatoiement admirable !... Point d'avenir sans deux mille ans ! vous ne serez quittes pour autant !... Vous en réchapperez peut-être... Que la tradition se renoue des jours heureux ! ... Que la fête renaisse aux deux rives !... Les Romains admiraient déjà le découvert de la vallée ! Là-haut vers le ciel d'Argenteuil à la perspective du fleuve... Les grands lieux ont un fier espace qui portent aux nues. vous admirerez je suis sûr. Et tout autour du pont les mouettes gracieuses en leur séjour d'hiver, flocons palpitants d'infinis, baisers du large à nos malheurs, miettes au Vent qui tout emporte !... Ô je lyrise !... Ô l'aventure ! Le livre, voyez-vous, peut griser ! Vous trouverez cela vous même ! Le tour de cette richesse drue... si peu de pages !...

Il faut le lire donc à courts traits... prudemment... comme on pénètre à petits pas dans une serre bien trop chaude... Où bien trop d'arômes tiennent l'air ! trop de parfums !... Où tout imprègne !

O dangereux M. Serouille !

L.F. Céline

Lettres

Il pourrait être utile au lecteur, de prendre connaissance de deux lettres de 1935. Elles faciliteront la compréhension de cet homme, aristocrate à l'état pur, en contact d'amour avec la plèbe, et arrivant à l'âge d'homme, en 1914, au milieu d'une humanité de fous.

Il attendait un Peuple. Il ne vit que la tourbe.

Cher Elie Faure

Vous le dites, je vous aime beaucoup, mais je ne vous comprends pas toujours.

Vous n'êtes pas du peuple, vous n'êtes pas vulgaire, vous êtes aristocrate, vous le dites. Vous ne savez pas ce que je sais.

Vous avez été au lycée. Vous n'avez pas gagné votre pain avant d'aller à l'école. Vous n'avez pas le droit de me juger. Vous ne savez pas. Vous ne savez pas tout ce que je sais. Vous ne savez pas ce que je veux. Vous ne savez pas ce que je fais. Vous ne savez pas quel horrible effort je suis obligé de faire chaque jour, chaque nuit surtout, pour tenir seulement debout, pour tenir une plume.

Quand vous serez à l'agonie vous me comprendrez entièrement et là seulement. Je parle le langage de l'intimité des choses. Il a fallu que je l'apprenne, que je l'épelle d'abord.

J'ai tout jaugé. Rien de ce que je dis n'est gratuit. Je sais. Je suis. Je demeure un imagier truculent, rien de plus.

Je ne veux rien être de plus. Ce que je pense du peuple, j'aurai la pudeur de n'en jamais rien dire. Cela aussi fait partie de ma viande.

Savoir me taire. Ne pas baver comme un juif, faire l'article pour vendre, exposer ce qui doit rester secret pour le vendre. Je vous parle brutalement, cher Elie, parce que vous êtes de l'autre bout malgré vous. Vous ne parlez pas notre langue et vous aurez occasion de regretter les guerres.

Elie... l'Homme est maudit. Il inventera des supplices mille fois plus effarants encore pour les remplacer. Dès l'ovule il n'est que le jouet de la mort.

Bien affectueusement à vous.

L. DESTOUCHES

Cher Elie Faure,

Ce 2 mars 1935

Le malheur en tout ceci c'est qu'il n'y a pas de « peuple » au sens touchant où vous l'entendez, il n'y a que les exploiteurs et les exploités, et chaque exploité ne demande qu'à devenir exploiteur. Il ne comprend pas autre chose. Le prolétariat héroïque égalitaire n'existe pas. C'est un songe creux, une faribole, d'où l'inutilité absolue, écœurante de toutes ces imageries imbéciles : le prolétaire à cotte bleue, le héros de demain — et le méchant capitaliste repu à chaîne d'or.

Ils sont aussi fumiers l'un que l'autre. Le prolétaire est un bourgeois qui n'a pas réussi. Rien de touchant à cela : une larmoyerie gâteuse et fourbe. C'est tout — Un prétexte à congrès, à prébende, à paranoïsmes ! L'essence ne change pas.

On ne s'en occupe jamais. On bave dans l'abstrait. L'abstrait c'est facile. C'est le refuge de tous les fainéants. Qui ne travaille pas est pourvu d'idées générales et généreuses. Ce qui est beaucoup plus difficile, c'est de faire rentrer l'abstrait dans le concret.

Demandez-vous à Breughel, à Villon, s'ils ont des opinions politiques ?...

J'ai honte d'insister sur ces faits évidents... Je gagne ma croûte depuis l'âge de 12 ans (douze). Je n'ai pas vu les choses de dehors mais de dedans. On voudrait me faire oublier ce que j'ai vu, ce que je sais. Me faire dire ce que je ne dis pas. Je serais fort riche à présent si j'avais bien voulu renier un peu mes origines. Au lieu de me juger, on devrait mieux me copier. Au lieu de baver ces platitudes, tant d'écrivains écriraient des choses enfin lisibles.

La fuite vers l'abstrait est la lâcheté même de l'artiste... sa désertion... Le congrès est sa mort. La louange son collier... d'où qu'elle vienne.

Je ne veux pas être le premier parmi les hommes. Je veux être le premier au boulot. — Les hommes, je les emmerde tous, ce qu'ils disent n'a aucun sens.

Il faut se donner entièrement à la chose en soi. Ni au peuple, ni au Crédit Lyonnais. À personne.

Bien affectueusement.

Louis DESTOUCHES

LOUIS-FERDINAND CÉLINE

ÉCRITS DE GUERRE

Autres titres

OMNIA VERITAS LTD PRÉSENTE :

BAGATELLES POUR UN MASSACRE

de

LOUIS-FERDINAND CÉLINE

« MAIS T'ES ANTISÉMITE MA VACHE! C'EST VILAIN! C'EST UN PRÉJUGÉ! »

« J'AI RIEN DE SPÉCIAL CONTRE LES JUIFS EN TANT QUE JUIFS... »

OMNIA VERITAS LTD PRÉSENTE :

L'ÉCOLE DES CADAVRES

DE

LOUIS-FERDINAND CÉLINE

LE JUIF PEUT VOIR VENIR!... IL TIENT TOUTE LA CAISSE, TOUTE L'INDUSTRIE...

ET CINQUANTE MILLIONS DE CADAVRES ARYENS EN PERSPECTIVE...

OMNIA VERITAS LTD PRÉSENTE :

LES BEAUX DRAPS

de

LOUIS-FERDINAND CÉLINE

« LA FRANCE PLUS QUE JAMAIS, LIVRÉS AUX MAÇONS ET AUX JUIFS »

ET LES FRANÇAIS SONT BIEN CONTENTS, PARFAITEMENT D'ACCORD, ENTHOUSIASTES

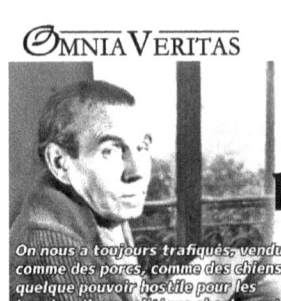

Dans nos démocraties larbines, ça n'existe plus les chefs patriotes

« Les hommes sont des mystiques de la mort dont il faut se méfier. »

Ce qui nous divise le plus est le régime républicain

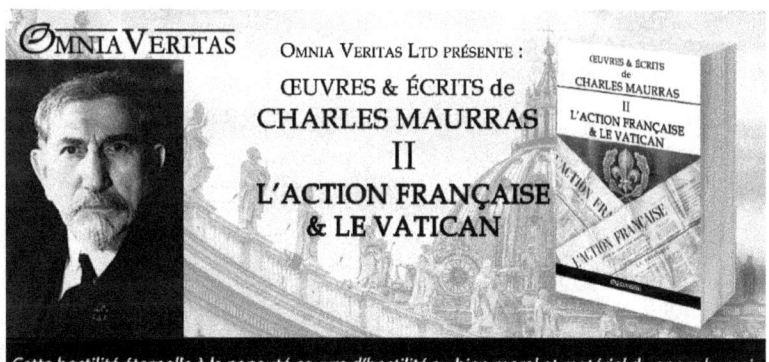

Cette hostilité éternelle à la papauté couvre d'hostilité au bien moral et matériel du genre humain

Cette faculté d'invention et de création ne réside qu'en un petit nombre d'esprits

Ce peuple d'élite prit plaisir à imaginer les relations stables, permanentes, essentielles

OMNIA VERITAS LTD PRÉSENTE :
ŒUVRES & ÉCRITS de CHARLES MAURRAS
V
PRINCIPES

Une conscience française se réveille dans les moments de colère et de deuil

OMNIA VERITAS LTD PRÉSENTE :
ŒUVRES & ÉCRITS de CHARLES MAURRAS
VI
CHEMIN DE PARADIS

Deux ou trois idées directrices aujourd'hui dans l'air du temps…

OMNIA VERITAS LTD PRÉSENTE :
ŒUVRES & ÉCRITS de CHARLES MAURRAS
VII
INSCRIPTIONS SUR NOS RUINES

Les Français ne s'aiment pas eux-mêmes, comme Français

OMNIA VERITAS LTD PRÉSENTE :

CHARLES MAURRAS

Mes idées politiques

Le seul instrument de progrès est la tradition, la seule semence de l'avenir est le passé

OMNIA VERITAS LTD PRÉSENTE :

LES ARCHITECTES DU MENSONGE
L'HISTOIRE SECRÈTE DE LA FRANC-MAÇONNERIE

Un aperçu du réseau caché derrière les événements passés et présents qui dévoile les véritables raisons de plusieurs guerres et révolutions majeures.

Ce système politique a été construit par des forces agissant en coulisses...

Omnia Veritas Ltd présente :

Childéric, roi des Francs

de ANNE-MARIE DE BEAUFORT

Les Francs n'estimoient que la profession des armes ; ils laissoient l'agriculture et les métiers aux esclaves

tout citoyen étoit soldat et se présentoit toujours armé...

Omnia Veritas Ltd présente :

Histoire de France
de
Jacques Bainville

Ce classique de Jacques Bainville fait son grand retour !

Revisitez ces grandes figures historiques qui ont bâti la France.

Un ouvrage indispensable à toute bibliothèque historique.

Omnia Veritas Ltd présente :

HISTOIRE
de la
CIVILISATION CHINOISE

RICHARD WILHELM

« La Chine connaissait l'écriture de longue date et l'employait pour enregistrer les événements historiques. »

La stabilité d'une civilisation conservée par la mémoire...

L'ouvrage de référence de Richard Wilhelm enfin réédité !

Omnia Veritas Ltd présente :

Histoire de Saint Louis Roi de France

de
RICHARD DE BURY

Le **roi**, avait, par les conseils et la prudente conduite de la **reine**, sa mère, rétabli l'**autorité royale**...

Mais l'esprit d'indépendance du gouvernement féodal, n'était pas encore éteint

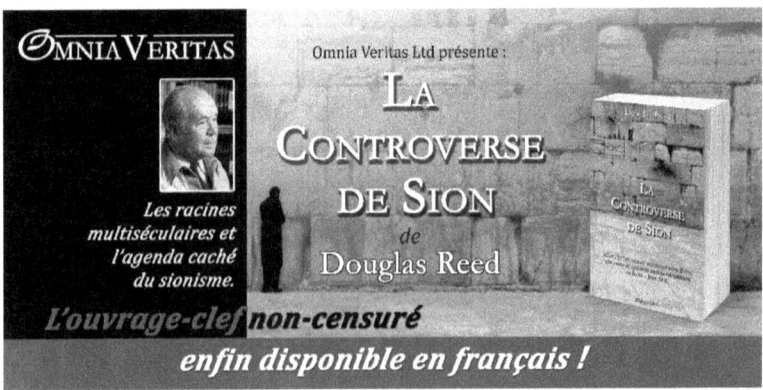

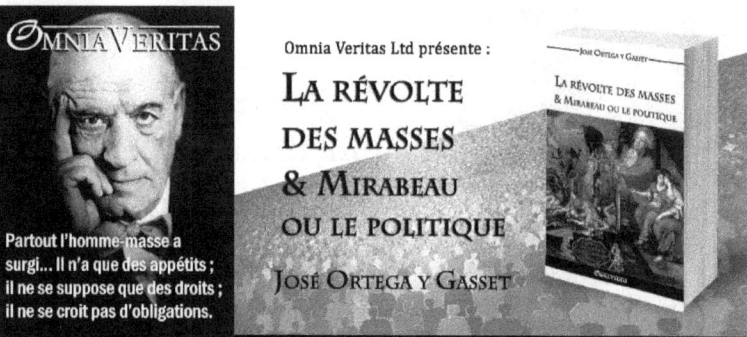

Omnia Veritas Ltd présente :

La Révolution
préparée par la
Franc-Maçonnerie

par

Jean de Lannoy

La Franc-Maçonnerie doit porter la responsabilité des crimes de la Révolution aussi bien que de ses principes

L'histoire de la Révolution remise à l'endroit

Omnia Veritas Ltd présente :

L'âge de Caïn

par Jean-Pierre Abel

Premier témoignage sur les dessous de la Libération de Paris

« Ce livre n'est pas un roman. Je ne fais qu'y conter des événements dont j'ai été le témoin... »

Abel qui renaît à chaque génération, pour mourir encore par la grande haine réveillée

Omnia Veritas Ltd présente :

L'Angleterre et l'Empire Britannique
de
Jacques Bainville

La Perfide Albion racontée comme jamais par le grand historien.

Un éclairage **sur les ressorts ancestraux** de la politique anglaise.

Une compilation d'articles passionnante et édifiante !

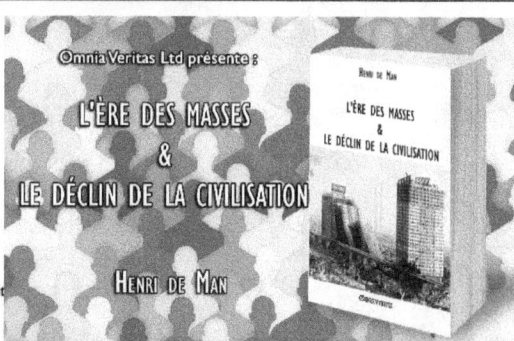
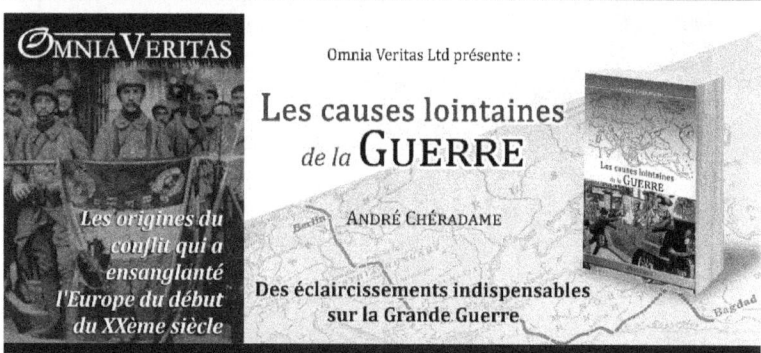

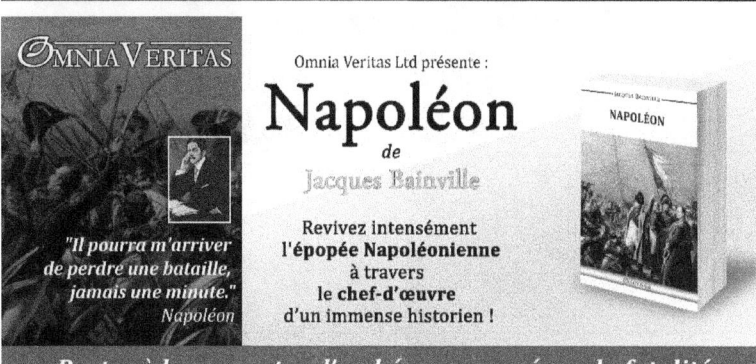

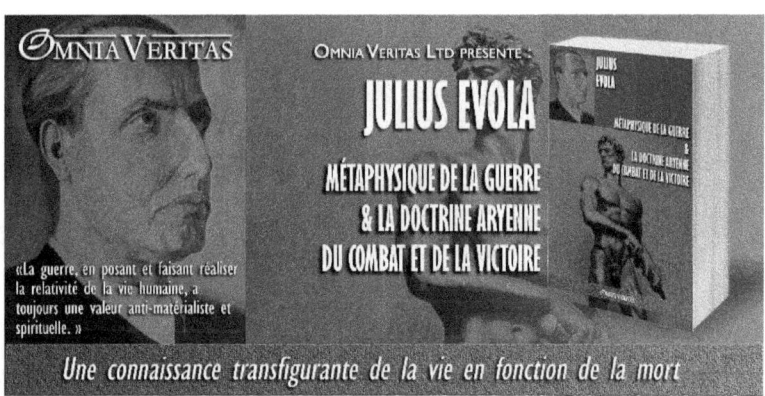

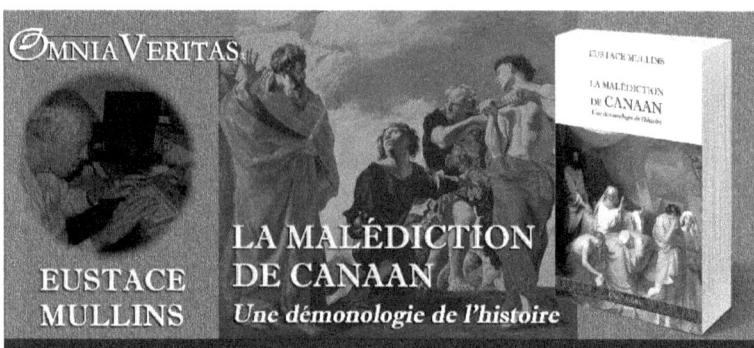

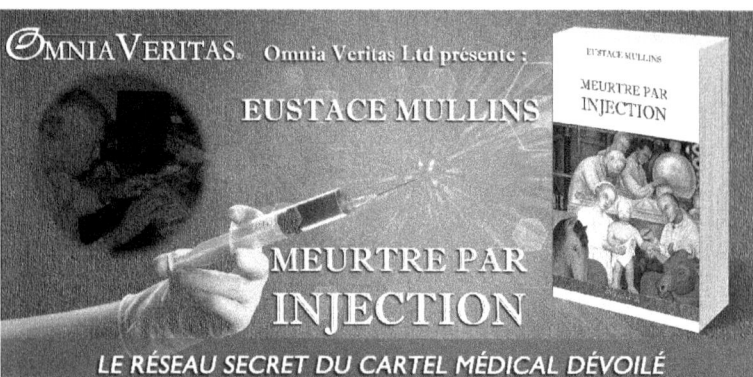

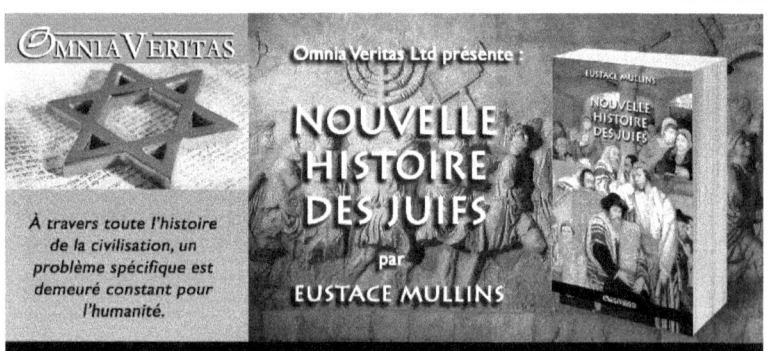

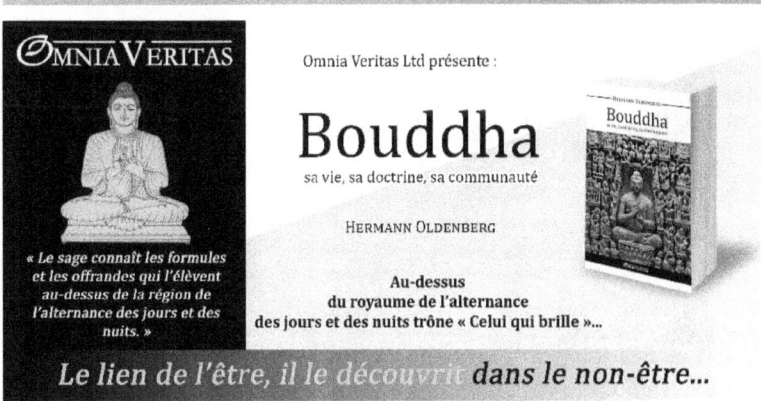

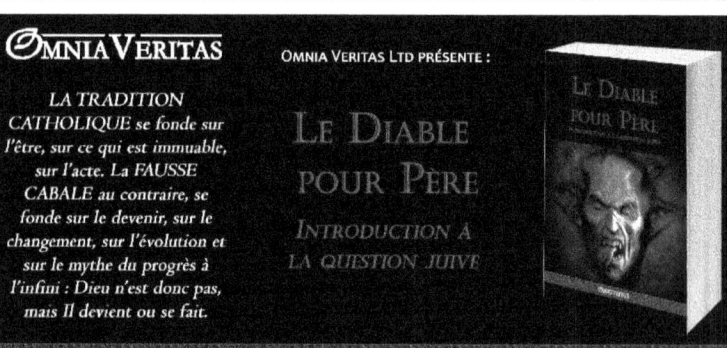

ÉCRITS DE GUERRE

Omnia Veritas Ltd présente :

LE PASSÉ, LES TEMPS PRÉSENTS ET LA QUESTION JUIVE

Quel est le peuple, quelle est la nation qui devrait être la première du monde par ses vertus, par son passé, par ses exploits, par ses croyances ?

Que s'est-il passé pour ce qui devrait être ne soit pas ?

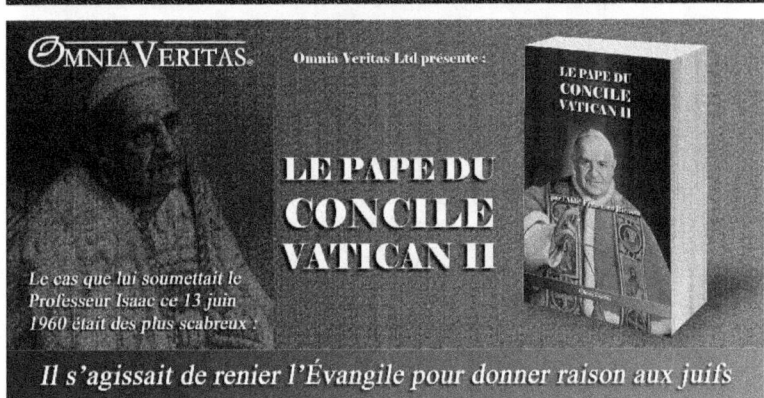

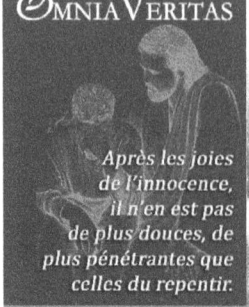

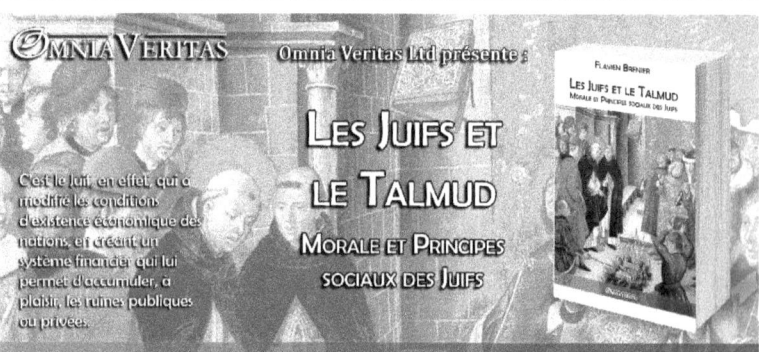

ÉCRITS DE GUERRE

Le chef-d'oeuvre du grand sinologue enfin réédité !

... la pièce maîtresse de la doctrine de Guénon est incontestablement La Grande Tradition Primordiale à laquelle il se réfère inlassablement.

Comparer la Tradition invoquée par Guénon et celle qui est conservée par l'Église

Dans cette étude, il y a un principe fondamental, qui ne doit jamais être oublié sous peine de ne rien comprendre à l'histoire du monde...

Les bras de la pieuvre incarnant la Synagogue de Satan, c'est-à-dire la Contre-Église

ÉCRITS DE GUERRE

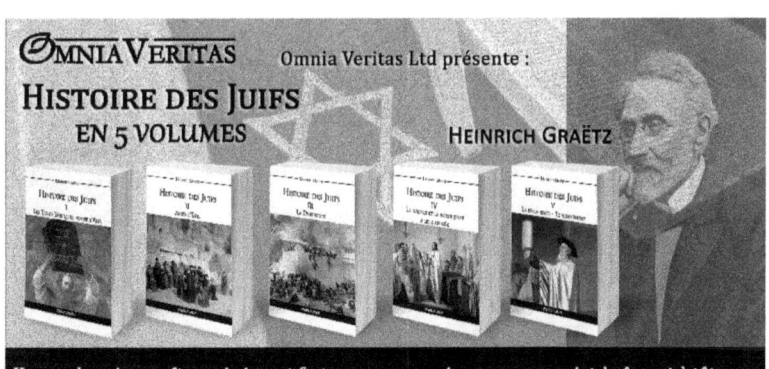

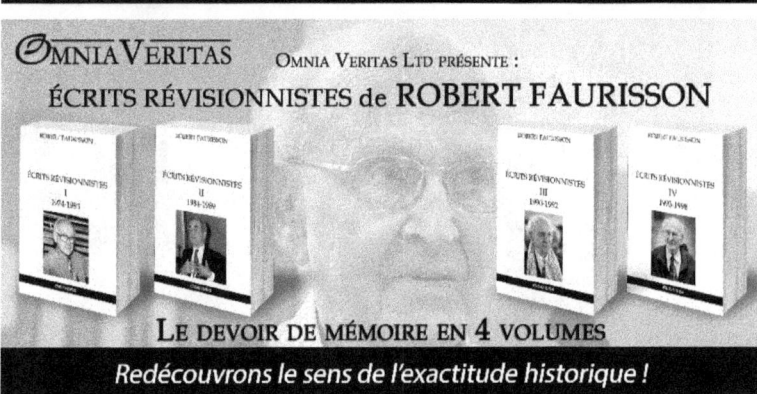

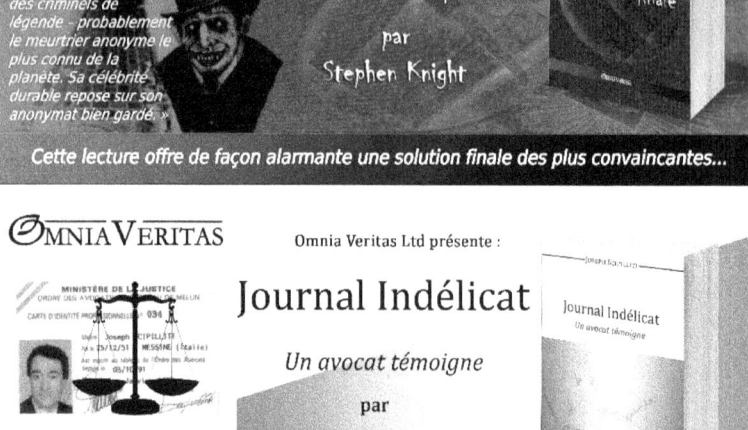

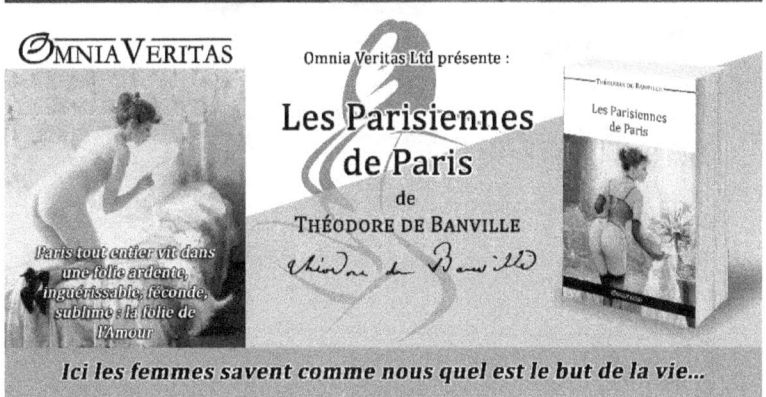

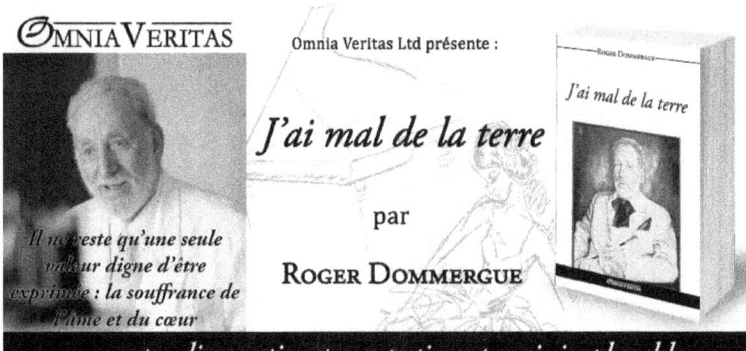

Le silence de Heidegger et le secret de la tragédie juive

par **Roger Dommergue**

Un souci de vérité synthétique motive ce long exposé

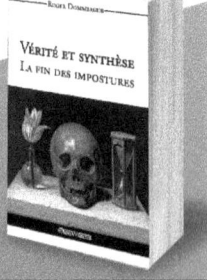

Vérité et synthèse
La fin des impostures

par **Roger Dommergue**

Seul le peuple élu appartient à l'essence même de dieu...

... les autres hommes sont assimilés à des animaux

Les œuvres de Paul Rassinier

Le discours de la dernière chance & Le véritable procès Eichmann

Des hordes aux empires, il y a deux domaines, au moins, dans lesquels la civilisation est restée rigoureusement semblable à elle-même : la structure des groupes humains, dans ses justifications, les circonstances des révolutions et des guerres.

La Civilisation, une dans sa conception, est cependant multiple et très diverse

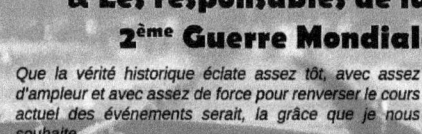

Omnia Veritas Ltd présente :

LES ŒUVRES DE PAUL RASSINIER

Le drame des Juifs européens & Les responsables de la 2ème Guerre Mondiale

Que la vérité historique éclate assez tôt, avec assez d'ampleur et avec assez de force pour renverser le cours actuel des événements serait, la grâce que je nous souhaite.

Je n'avais pas trouvé d'historiens — du moins qui fussent dignes de ce nom

Omnia Veritas Ltd présente :

LES ŒUVRES DE PAUL RASSINIER

Le Parlement aux mains des banques & L'équivoque révolutionnaire

De droit divin ou de droit populaire, d'un seul ou de quelques-uns, l'exercice du Pouvoir suppose des Élus et donc une hiérarchie.

C'est dire que la notion de Pouvoir est une mystique

Omnia Veritas Ltd présente :

LES ŒUVRES DE PAUL RASSINIER

Le mensonge d'Ulysse & Ulysse trahi par les siens

Le Mensonge d'Ulysse fut en effet l'occasion d'une violente campagne de presse dont le départ fut donné à la Tribune même de l'Assemblée Nationale...

J'avais pensé que, sur un sujet aussi délicat, il convenait d'administrer la vérité à petites doses

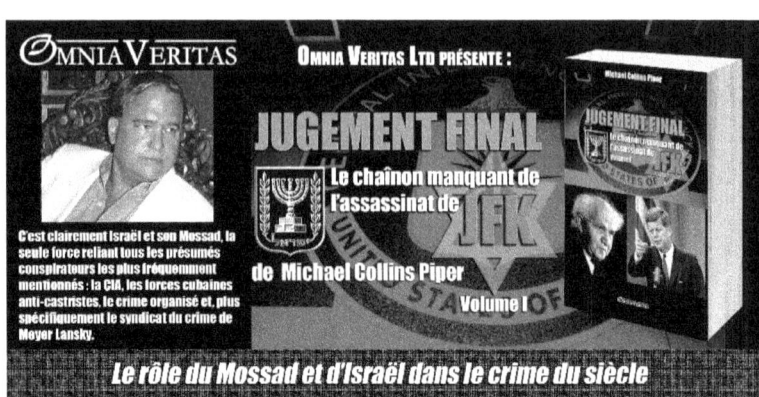

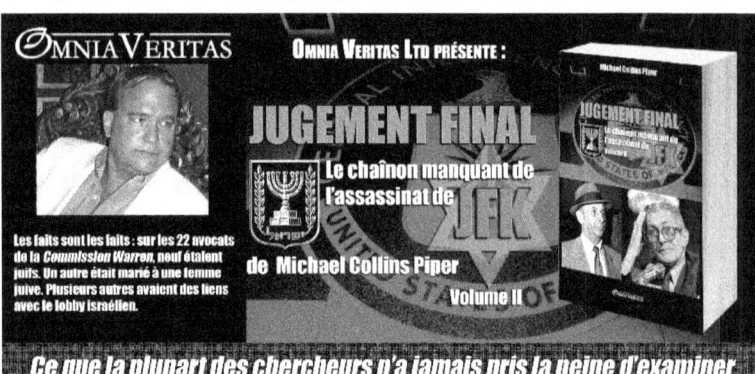

www.ingramcontent.com/pod-product-compliance
Lightning Source LLC
Chambersburg PA
CBHW072157160426
43197CB00012B/2417